奋进的印迹

历史发展长河中的奋斗者精神

文泽平 ⊙ 著

人类发展的历史就是一部奋斗的历史

中国广播影视出版社

图书在版编目（CIP）数据

奋进的印迹：历史发展长河中的奋斗者精神 / 文泽平著. —— 北京：中国广播影视出版社，2024.1

ISBN 978-7-5043-9081-3

Ⅰ.①奋… Ⅱ.①文… Ⅲ.①思想政治教育－中国－青年读物 Ⅳ.① D432.62

中国国家版本馆 CIP 数据核字（2023）第 136881 号

奋进的印迹：历史发展长河中的奋斗者精神
文泽平　著

责任编辑	杨　凡
封面设计	文人雅士
责任校对	张　哲

出版发行	中国广播影视出版社
电　　话	010-86093580　010-86093583
社　　址	北京市西城区真武庙二条 9 号
邮　　编	100045
网　　址	www.crtp.com.cn
电子邮箱	crtp8@sina.com

经　　销	全国各地新华书店
印　　刷	廊坊市海涛印刷有限公司

开　　本	880 毫米 ×1230 毫米　1/32
字　　数	152（千）字
印　　张	7.25
版　　次	2024 年 1 月第 1 版　2024 年 1 月第 1 次印刷
书　　号	ISBN 978-7-5043-9081-3
定　　价	38.00 元

（版权所有　翻印必究·印装有误　负责调换）

前 言

奋斗是什么？

这是一个古老而新颖的词汇。自世界存在那一刻，自人类诞生那一刻，历史的篇章便印刻出奋斗二字。《说文解字》（陈刻本）解释称，奋，从奞在田上，《诗》曰"不能奋飞"；斗，两士相对，兵杖在后，象鬥之形。在古汉语中，奋斗指奋力格斗。如《宋史·吴挺传》中有"金人舍骑操短兵奋斗，挺遣别将尽夺其马"。

时代不断发展，奋斗的内涵与时俱进。无论是"天行健，君子以自强不息"，还是"与天斗，其乐无穷"，抑或是"世上无难事，只要肯登攀"，奋斗都是一个时代的典型印记。进入新的时代，更多富含新意的奋斗者精神不断涌现。穿越周期、群体奋斗、知识驱动、移动的靶心等，纷纷形成了新时期的奋斗内涵。

就本质而言，人类发展的历史就是一部奋斗的历史。如果将漫长的历史画卷铺展开来，我们看到，在"物竞天择、适者生存"的自然法则下，人类渐渐荣登主角。或许是刻在基因里的奋斗因子，促成了人类群体最初的一次崛起。但往后岁月，千百年来的历史演变与文明崛起，慢慢造就了属于人类社会的奇迹。

今天，科技日新月异，社会迅速发展，奋斗者精神仍旧是时代一路高歌猛进的助推器。正如千百年来奋斗者书写历史、开创未来的轨迹一般，今天新时期的奋斗者同样需要如前人一般继往开来。

正是如此，奋斗是永不过时的呼喊。

习近平总书记强调："中国共产党一经诞生，就把为中国人民谋幸福、为中华民族谋复兴确立为自己的初心使命。"[①]为了实现这一目标，自近代以来，无数仁人志士前赴后继的不断奋斗与探索，但真正能够将这一民族梦想变为现实的是中国共产党。正因有了奋斗精神，中国革命有了正确的前进方向，中国人民有了坚强的领导，中国命运有了光明的发展前景。

本书基于奋斗者精神，划分为四大篇章内容，分别从人类史就是奋斗史、历史选择了奋斗者、新时期的奋斗者精神与奋斗者的实践四方面，一一阐释奋斗对人类社会的影响。

第一，人类史就是奋斗史。从历史的脉络来看，人类自诞生那一刻开始，便在书写奋斗的篇章。那些存在于物种之间的博弈，那些直立行走、制造工具、利用火、创造语言文字等伟大突破，都埋藏着人类自我奋进的线索。奋斗者创造历史，奋斗者开创时代，奋斗者书写未来。人类历史波澜壮

---

① 为中国人民谋幸福 为中华民族谋复兴——党的十八大以来以习近平同志为核心的党中央治国理政纪实[EB/OL]. [2022-10-15]. 新华网, https: //baijiahao.baidu.com/s?id=1746714536550017178&wfr=spider&for=pc.

阔，一路走来，皆充满奋斗者激流勇进的高昂之歌。

第二，历史选择了奋斗者。本篇从四大文明古国掀开文明史的篇章展开，沿着时间脉络讲述东西方的发展历程。一边是东方五千年文明源远流长，一边是西方大国崛起故事激扬上演。历史的幕布拉开，一个个由勇气与毅力组成的故事轮番上场。

第三，新时期的奋斗者精神。在中国古代源远流长的思想文化长河中，奋斗被看作为一个人终生价值目标实现的途径。直到现在，奋斗仍旧具备这样的价值。当然，历史走至今日，尤其是在新时期背景下，奋斗者精神的内涵与过往有所不同。从外力驱动到内力驱动，从个体英雄到群体奋斗，从竞争到竞合……时代不断发展，奋斗的含义也在与时俱进。

第四，奋斗者的实践。要成就一番事业，要达成伟大梦想，必须要共同奋斗、持续努力、接力拼搏。本篇基于奋斗者的实践，论述无论处于时代的哪一阶段，无论历史走至哪一关口，实现伟大梦想背后都离不开艰苦奋斗精神的支撑。

世界的今天由昨天创造，世界的未来由今天创造。在这个群体奋进的时代，未来的篇章如何开启，很大程度上取决于当下的行动。伟大梦想不是等出来、喊出来的，一切只有落到实践，才能开花结果。

目 录

前 言 ··· 1

第一篇 人类史就是奋斗史

第一章 奋斗基因与生俱来 ·· 3
 第一节 血液中的竞争意识 ·· 3
 第二节 从偶然到刻意练习 ·· 6
 第三节 火焰映照思考光芒 ·· 9
 第四节 自我驯化语言技能 ···11
 第五节 从文字到开拓想象 ···14
 第六节 积水成海文明传承 ···17

第二章 重提奋斗精神 ··21
 第一节 从无到有开创农耕文明 ·····································21
 第二节 接力奋斗奏响工业革命 ·····································27
 第三节 无边际尝试与万家电灯 ·····································30
 第四节 非凡创意与信息化浪潮 ·····································33
 第五节 从进化赋能到人工智能 ·····································37

第三章 历史是奋斗者的坐标系 ···················· 41
- 第一节 从执着不退到思想永存 ···················· 42
- 第二节 从打破枷锁到生命探秘 ···················· 46
- 第三节 从使命感追寻医学脉络 ···················· 51
- 第四节 仰望星空探索未知版图 ···················· 56
- 第五节 脚踏实地丈量山水之间 ···················· 60
- 第六节 专注深耕开创未来时代 ···················· 64

第二篇 历史选择了奋斗者

第四章 世界文明奋斗史 ···························· 69
- 第一节 两河流域上的文明之光 ···················· 69
- 第二节 尼罗河流域两岸的明珠 ···················· 72
- 第三节 古印度文明的灿烂辉煌 ···················· 75
- 第四节 黄河流域中的千年古国 ···················· 78

第五章 奋斗崛起的力量 ···························· 81
- 第一节 扬帆起航开启新的篇章 ···················· 81
- 第二节 远洋航行贯彻奋斗精神 ···················· 85
- 第三节 日不落光辉时代的背后 ···················· 88
- 第四节 法兰西巅峰时期的奋斗 ···················· 91
- 第五节 可歌可泣的德意志崛起 ···················· 94
- 第六节 美国荣登世界舞台中央 ···················· 97

第六章 五千年文明奋斗史 ·························· 101
- 第一节 从蕞尔小邦到大秦帝国 ···················· 102

第二节　汉唐气象拔起时代之峰 …………………………… 105
第三节　科技贸易成就大宋盛世 …………………………… 108
第四节　商业启蒙奠定明朝实力 …………………………… 111

第三篇　新时期的奋斗者精神

第七章　从奋斗谈起 ………………………………………… 117
第一节　不同时期中的奋斗精神 …………………………… 117
第二节　个人理想中的奋斗精神 …………………………… 119

第八章　时代周期与运行规律 ……………………………… 121
第一节　拥有突破周期的勇气 ……………………………… 122
第二节　坚持长期主义是前进动力 ………………………… 124

第九章　外力驱动朝内力驱动转变 ………………………… 127
第一节　自我意识是转变关键 ……………………………… 130
第二节　内力驱动的外在表现 ……………………………… 132

第十章　个人英雄与全民奋斗 ……………………………… 135
第一节　群体奋斗的网络效应 ……………………………… 135
第二节　奋斗精神的四个层面 ……………………………… 137

第十一章　知识驱动型的奋斗时代 ………………………… 141
第一节　知识社会以创新为核心 …………………………… 141
第二节　知识社会以学习为关键 …………………………… 143

第十二章	新时期是移动的靶心	145
第一节	新时期具有不确定性	145
第二节	在不确定中把握确定	148
第十三章	从竞争到竞合的时代	150
第一节	新时期的奋斗是竞争与博弈	150
第二节	新时期的竞合关系是共生共荣	153
第十四章	提速到增量是社会发展的共性	156
第一节	从人类活动痕迹看奋斗轨迹	156
第二节	新时期奋斗要转换发展模式	158

第四篇　奋斗者的实践

第十五章	一带一路是砥砺奋进之路	163
第一节	戈壁中崛起的吉布提	164
第二节	肯尼亚的交通翅膀	168
第三节	进击的印度尼西亚	171
第四节	"一带一路"的中国机遇	175
第十六章	脱贫攻坚是浴血奋战之路	178
第一节	努力探寻贫困之源	178
第二节	艰苦卓绝的脱贫历程	182
第三节	精准扶贫精准攻击	188
第四节	脱贫是奋斗者的征程	191
第五节	携手共进减少贫困	194

第十七章 科技创新是引领时代之路 ………………… 198
　第一节 高铁技术联通世界 ……………………………… 198
　第二节 量子通信引领未来 ……………………………… 202
　第三节 现代医学改变生活 ……………………………… 207
　第四节 北斗之光照亮地球 ……………………………… 211

后　记 ……………………………………………………… 216

第一篇　人类史就是奋斗史

第一章　奋斗基因与生俱来

著名历史地理学家房龙在《人类的故事》一书的开篇中提出了三个问题：我们是谁？我们从哪里来？我们要去向哪里？他认为，一直以来，人类凭借着坚持不懈的勇气和毅力，朝着答案步步近逼，虽然迄今为止答案仍旧遥远。

这里的勇气和毅力，本质上就是人类奋斗精神的体现。人类自诞生开始，就进入了一场无休无止的奋斗征程。把历史的篇章压缩，我们选取最具代表性的"决定性瞬间"——从直立行走以解放双手，到狩猎与食肉，再到脑容量的增加、语言的出现、文字的诞生等，寻找其间奋斗精神的发挥的历史作用。

翻开这一篇章，我们从人类起源开始探索奋斗者的血液如何在历史中流淌。

第一节　血液中的竞争意识

人自存在那一刻开始，便流淌着奋斗的血液。

因此，当我们纵览人类历史，不难发现，奋斗二字几乎一以贯之。如果时光逆转到100万年前，我们可以看到这样一幅画面：当一只动物死去，首先可以享受美食的常常是一群狮子。待它们吃完，剩下的残肉便轮到下一拨凶猛动物。等到大家吃得只剩骨头时，才轮到弱小的人类祖先上场。基于生存的原生动力，祖先们对着这堆光骨头开始琢磨，该如何果腹？于是就有了敲碎骨头，吃骨髓的场景。

这一画面折射出人类最初的智慧，以及一个关键点——自古至今，生存都是人类历史奋斗的重心。

提及奋斗，我们首先需要简单探讨一下人类的诞生。按照生物学的概念看，往往是相同的物种，才可以通过交配繁衍下一代。物种不同，即便可以交配，也难以繁衍后代。

正是在万千物种之中，人类的祖先登上历史的舞台。

事情的开端可能只是一个偶然。正如《人类简史》所言，在6万年前，有一头母猿产下两个女儿，一头成了所有黑猩猩的祖先，另一头则成了所有人类的祖先。

但事情的发展却并非偶然。今天，我们追问人类为何为人类时，不难发现，一切都类似一个环环相扣的命题。我们身处今天的时代，拥有属于今天的文明成果，都是过往人类群体奋斗的结果。

如果从生物进化的角度回答，我们或许可以将这一切看作是"物竞天择，适者生存"的结果。所谓"物竞天择，适者生存"，本质含义也是奋斗。也就是说生物在竞争中，能够适应环境的才能生存。适应的关键，就是要配合环境的变化，保证种族存活繁衍。

在生物界漫长的历史演变中，适应环境变化的过程可以被看作一幅盛大且悲壮的图景。所谓盛大，是指生物界的演变是整个群体的活动。所谓悲壮，是指总有一部分生物因为无法适应环境而被淘汰。比如曾经称霸地球的恐龙就因为无法适应气候变化，最终只能成为白垩纪的回音。

博弈，在物种之间无处不在。每一次竞争，都是一场生存繁衍之战。对于地球上的所有物种而言，这场战争决定着他们到底是如流星一般划过历史的天空，还是在历史中长久地占据一席之地。

我们所说的奋斗精神，在物种之间博弈时产生了巨大的效应。比如，当第四纪冰期到来，绵绵不绝的大雪覆盖大地，无数的物种在极寒中失去生机。一部分动物发现南方的气候相对温暖，便纷纷迁徙。在此过程中，又有一部分动物在饥寒交迫中死去。但人类意识到可以穿衣御寒、点火取暖，所以，人类群体的死亡率降低了。在大自然对物种进行筛选的过程中，人类的智慧发出光芒，优胜劣汰，胜出的便是人类。

正是如此，我们今天常说，如果当年祖先偷个懒，没准今天待在动物园里的便是我们。这一颇具玩笑意味的话语背后揭示出的正是关于奋斗精神的重大意义。

实际上，自地球这颗巨大的行星上诞生生命开始，许多生物都已消失灭绝。人类出现的时间较晚，甚至在很长一段时间内，人类也并非是什么起眼的生物。更多时候，作为奋斗者的人类，在保证物种繁衍的同时，更像是一个旁观者——旁观一批批倒下的动物，就如同被阻塞的河流，停在了历史中的某一个节点。

某种程度上，我们当然可以称自己为天选之子。所有的生物中，唯有我们拥有属于自己的文明，唯有我们懂得运用自己的智慧推动世界的进程。但是这一切不是大自然对我们的偏爱，而是浩荡历史长河中，一个种群的奋斗与崛起。这"天选"背后，我们的祖先无数次于逆境中奋进、拼搏，因为只有沐浴死亡之火，才能掌握奇迹之生。

第二节　从偶然到刻意练习

有人说，人和动物最大的区别，在于我们可以双足直立行走。当我们习惯自身直立行走后，可能会有这样一个错觉——我们生来就会如此。实际上，这是一个经过长期驯化后的结果，即便是今天的新生儿，也必须经历学习行走的过程。

人究竟是怎么"站起来"的？

这是一个很有意思的话题。早在2007年，美国科学家就在研究中发现，人类依靠两条腿行走消耗的能量，与依靠四肢着地行走的黑猩猩相比，只占据其四分之一的比例。这意味着人类直立行走更加方便且省力。这或许也解释了人类祖先为何最终选择两条腿行走的行走方式。

我们无意于探讨生物进化的奥秘，但人类直立行走的背后，似乎显示着拼搏的基因。从新生儿学站立的过程中，我们可以想象遥远时代的祖先们，是如何克服重重困难一步步站立了起来。最终，在众多哺乳动物中，我们学会用后腿保持平衡，并将"前腿"进化为可以抓住东西的爪子。

正如阿姆斯特朗登上月球留下的那句经典独白——我的一小步，人类的一大步。直立行走所展现出来的意义，同样代表着整个人类群体的"一大步"。或许故事发生在某一天，我们的祖先在某个偶然的场景中意识到了站立的好处，便不断锻炼自己直立行走。锻炼的过程或许痛苦，祖先们摇摇晃晃，摔得头破血流。但很快，便捷的身手带来了收获的喜悦。

这一现象引来了人类祖先群体的争先效仿。一场更大范围内的锻炼自我，以获得更好生存条件的活动开始了。随之而来的是淘汰——那些不想改变自己的人类祖先，因为无法获取丰富的食物，最终被自然淘汰。由此，这一改变自我、掌握了生存技能的群体承担了种族繁衍的使命。

"物竞天择，适者生存"是非常残酷的自然法则。某种程度上，这个法则就像一个绞杀机，那些跑得慢的，或者不愿意奔跑的物种被残酷"绞杀"。自然并不是适宜任何物种生存的温床，除了天然的物种天敌厮杀外，那些偷懒的物种也会被自动淘汰。

因此，学会直立行走，是人类奋发向上的一个标志性时刻。因为我们跑得更快，所以，我们解放了双手。在此基础上，前腿的爪子开始进化成如今手的模样。双手摆脱了大地的束缚，就能够制造工具。这些都是人类直立行走后产生的连锁反应。或者说，这些都是人类努力后，自然赋予人类生存环境与身体构造的改变。

奋进的印迹

大约在250万年前，人类开始制造工具。[①]那是生活在坦桑尼亚西北部的能人首创的发明。他们运用石器屠宰动物，割破兽皮，开启了人类历史上使用工具的先河。

这是一个非常奇妙的历史节点。我们的祖先充分发挥主观能动性，找到了让生活更加便利的依托。我们不仅学会改变自己，也学会利用外物。我们的奋斗征程又跨出了一大步。这一时刻，有多少动物知道利用工具改善自己的生存状态呢？只需要简单对比，我们就可以发现人类脑中所蕴藏的智慧。

如果说最初学会直立行走的人类祖先，是在偶然间意识到直立的好处，那么有意识地锻炼自我，形成直立行走的生存方式，绝对可以说是人类有意识对自我驯化的结果。这之后，人类学会使用工具，便是在逐步开发自己的大脑。这也是能人的脑容量较大的原因之一。

一切最初的偶然，都只是开端。偶然可以造就伟大，如人类历史上某些经典一瞬；偶然也可以造成悲剧，如气候骤变对物种的毁灭性打击。但当某些带有天然机遇的偶然瞬间来临，其他动物却并没能像人类那样思考。人类一次次尝试将偶然转化为必然，随后与众不同的事情便发生了——人类开始与其他动物区分开来，并且具备更强的适应环境的能力。人类慢慢意识到，"站立"似乎为族群的发展打开了一扇更大的门。

---

① ［以］尤瓦尔·赫拉利. 人类简史：从动物到上帝[M]. 林俊宏译. 北京：中信出版社，2014：9.

一个群体的努力，谱写出一首伟大的史诗。这首史诗有关智慧，有关思考，有关努力，有关尝试。正是如此，我们常说人类史本质上就是奋斗史。

第三节　火焰映照思考光芒

大自然丢下一把火，人类便开始琢磨。

最初，可能是一丝动物被烧焦的味道，刺激了人类的嗅觉。或许人类的祖先在一场天降的火灾中发现了一只被烧死的鸟。饥饿促使他撕下一块鸟肉，然后他惊喜地发觉，咀嚼变得简单起来，并且有一种从未有过的舒适感充斥在他心中。此后，人类对那明明灭灭的火焰的恐惧情绪慢慢消散。从此，一把点燃智慧火焰的火，真正降临人类世界。

在茹毛饮血的时代，人类依靠着强健的牙齿，将一块块生肉嚼碎吞咽。而偶然发现的火炙食物，又一次打开了新世界的大门。天然的火如此有用，人类又开始思考一个问题，如何才能获得火？

当人类的大脑开始运转，人与动物的界限就越发分明。虽然人类祖先最初所得到的火，只是来自大自然的馈赠，但是在为更好地生存下去而奋斗的过程中，人类开始观察，开始思考，开始尝试，最终学会采集天然火。火种成为一个象征——人类努力留住美好事物，以过上更优质生活的象征。

在不断的探索中，人类发现了摩擦产生火的现象。当打击燧石或石头产生火花，钻木头时产生烟雾的现象发生，人类在思考与实践中，最终将人工取火的方法牢牢地掌握在自己的手中。

这又是人类历史上一次决定命运的瞬间。在经过无数次尝试与思考后，人类由面对自然时的被动渐渐掌握主动，也正是这一道分水岭，再次将人类与其他动物区别开来。

我们不能不说这是一个人类自我奋进的绝佳故事。人类将渴望变成现实，将被动变为主动，让看似不可被操控的火为自己所用。无论从哪个角度看，掌握了火的奥秘的人类，显然已经改变了自己在生物界中的弱小地位。或许是天性使然，人类的基因中本就蕴含着奋斗的因子，才造就了今天人类所有的文明成果。

学会掌控火后，人类的生存环境得到了极大改善。我们可以生火驱寒，驱逐猎食动物。我们可以住进山洞，躲避风雨。我们可以吃熟食，不仅有效缩短了咀嚼食物的时间，还大大降低了消化食物的难度。更为重要的是，我们种族繁衍的概率也得到了很大程度上的提升。

值得一提的是，在人类的文明发展历程中，火的使用使得人类祖先的大脑得到了更加充分地开发，脑容量也随之增加。而脑容量增加又让人类的智慧更上一层楼。最终，形成一个正向循环的过程。正是不畏艰难险阻的奋进精神，造就了更加智慧的大脑。而智慧的大脑，又像是一个不断思索的发动机，推动人类不断向着更美好的生活拼搏。

人类在火光中走出了文明之路——从思索如何驾驭火，如何获取更加安稳的生活开始，人类祖先的奋斗精神就于耀眼的火光中闪耀。幸运的是，人类从未止步于某一个舒适的时刻，而是始终在自然中不断厮杀，寻求自己的生存发展之道。人类何其聪明，在尝到了自我奋进的成果后，还能做到持续奋进，也正是因为如此，在变化莫测的自然界，人类才有了武装自己的力量，繁衍出璀璨的文明。

第四节　自我驯化语言技能

语言有什么特别之处？

世间万物，拥有语言的生物不在少数，人类不过是其中一种。但是我们探讨人类语言的奥秘，在于人类的语言极具灵活性，它揭示了我们这个种族的某些特性。

有一个现象极有意思：当其他动物只能够较单一地表达信息时，人类却可以通过词语组合表达更加丰富的内容。或许在今人看来，这没什么大不了，表情达意不是我们的基本功吗？但是对于人类的祖先来说，却并非如此。在今人看来轻而易举地张嘴说话，却是前人经过不知多少万年的训练得来的能力。因此，我们说人类这一段自诞生而起的历史，总是充满拼搏、奋进的色彩。

语言何以揭示奋斗者精神？

显而易见的表现是，掌握语言是一个不断驯化的过程。今天，我们看到婴儿牙牙学语，或许可以联想到祖先们如何艰难地张嘴说话。更为重要的是，今天人类的语言已成体系。因此，我们是在一个成熟的语言环境中学习语言，而人类祖先却不同，他们需要开创语言。

开创的意义何其重大。从无到有，横空出世。这是一代又一代远古的人类群体共同努力的结果。或许他们渴望表达出更清楚的信息，以躲避野兽的袭击。或许他们渴望表达更多元的内容，以呼朋唤友采集更加充足的食物。最后，人类不断驯化自己，让语言成为沟通的媒介。

当然，我们不能说人类因为语言便显得如何与众不同。毕竟，生物界有不少动物也有自己的语言。如金丝猴可以通过"噫噫"表达呼唤与回应，也可以通过"呜嘎"表达报警或警告。更有甚者如鹦鹉，还可以模仿人类的语言。

但是，人类在不断驯化自己的过程中，使语言得到了质的飞跃。人类懂得运用智慧表达更丰富的意思，而不再局限于如动物一般单一维度的表达。这便是人类持续优化自身的结果。

语言是人类文明存在的重要依托。特别有意思的是，同样是存在于地球的生物，人类有自身的文明，但如蚂蚁、蜜蜂等，却没有属于自己的文明。或许是物种的差异，决定了我们与其他生物在某些方面无法相似。但是，除却天生的差异外，自身的进化才是人类区别于其他生物的一个重要原因。

人类所拥有的文明是人类自身创造的。人类历尽千辛万苦，创造了自己的语言，又不断让自己的后代学会并掌握这一语言。就整个群体而言，这就是一场没有尽头的接力赛。一旦中间有一代人选择放弃，语言的进化历程就会断裂。这样想来，单是有关语言的进化，就是一场波澜壮阔的历史画卷，若放眼人类历史全貌，又将是何其震撼。

说因为语言的存在使文明有了寄托，文明基于语言迸发出了强大的能量。借助语言，我们不仅可以描述这世上已经存在的事物，还可以表达自己脑海中的想象。正如《人类简史》中那个有趣的故事：不论是人类还是动物，在发现危险时，都可以通过自己的语言或行动表达"小心！有狮子！"但是，人类经过不断进化却可以表达出"狮子是守护神"的话语。当然，这是发展得较为高级的智人的语言表达。

这一语言的表达证实了人类的进步，而这一进步就是人类奋进的结果。语言作为见证人类群体努力的载体，突破时空的阻隔，产生了强大的能量。语言的发明创造，让人类的大脑进一步发育。因为信息传达和交流的需要，人类必须更加频繁地思考。人类与其他生物的区别再一次扩大——一个更加智慧的群体诞生了。

今人回顾这段历史时，总不免内心激荡。在那个生存环境艰难的时代，无数生物销声匿迹。但人类却在适应环境的过程中，创造出自己的语言与文明。最初创造语言的祖先们，或许不知道"志之所趋，无远弗届，穷山距海，不能限也"[①]的含义，但是他们用实际行动向后人阐释了这句话的真谛。

---

① （清）金缨编纂.格言联璧[M].马天祥译注.北京：中华书局，2014.

第五节　从文字到开拓想象

　　文明得以记载，就意味着人类进入了一个新纪元。尤其是从语言到文字这一过程，聪明的人类在发明创造的征程上，留下了具有历史意义的印记。古老的故事以某种文字形式记载流传，遥远的仪式以某种文字形式刻进历史被今人捕捉。当我们追溯自己的历史轨迹时，文字便是最强有力的依据。

　　今天，我们对所有印有文字的物品，如书籍、报纸等习以为常。但正如语言的进化一样，文字的发明创造也是一个艰难的过程。人类克服重重困难发明创造文字，这一过程本身就是人类奋斗精神的体现。

　　最初，地球上的一个群体——苏美尔人意识到单靠自己的大脑，有许多事情都没办法厘清。尤其在当时，居住在美索不达米亚平原的苏美尔人日子过得还算不错。农业发达，人口增长，让苏美尔人的生活状态与以前茹毛饮血的人类祖先自然有了天差地别的变化。

　　生存环境质量提升后，苏美尔人要协调的信息也随之增多。基于此需求，他们创造了更加方便的信息处理系统，这便是文字符号。最初，文字只是用来记录或者描述客观事实，以避免大脑遗忘。比如，我们看到目前人类能找到的最早的文字信息是："29086单位大麦37个月库辛"。这段话最有可能的解读是"在37个月间，总共收到29086单位的大麦。由库辛签核"①。

文字在这一时期所起的作用，类似于现代人观念中的数据库，只是纯粹的信息记录。

当然，文字如何演变进化不是我们探讨的重点。我们需要隔着时间长河，去追寻人类如何在这条发展道路上持之以恒地保持上进。这是一个很有意思的话题。当我们讨论文字时，我们见证的是人类那段艰难"创业"的历史。当第一个人拿起工具在石板或龟甲等地方划出一道印记，并赋予它含义时，便有了第二个跟随者创造出更加丰富的结构，赋予其更加丰富的含义。

正是如此，我们说文字的发明创造是人类群体奋进的结果。在地球上的不同区域，在不同时期，人类的祖先不约而同地创造出了文字。虽然文字的表现形式有所不同，但它们在人类文明史上产生的意义却同样举足轻重。

在远古的中华大地上，结绳记事是另一种信息表达形式。《周易·系辞》云："上古结绳而治。"《春秋左传集解》云："古者无文字，其有约誓之事，事大大其绳，事小小其绳，结之多少，随扬众寡，各执以相考，亦足以相治也。"当时的人们通过大大小小的绳结来记录事情。

甲骨文则是远古的华夏祖先对文字的进一步创造。在中国商朝晚期，王室的成员为占卜记事，便将文字刻在龟甲与兽

---

① ［以］尤瓦尔·赫拉利. 人类简史：从动物到上帝[M]. 林俊宏译. 北京：中信出版社，2014：118.

骨上。这是目前中国发现的最早的文字——以物为载体，用符号表达信息。这与结绳记事有差异，可以看作是更高层级的文明现象。

当文字逐渐演变成一种体系，并拥有自身的逻辑时，人类的文明再次实现大跨步发展。聪明的祖先们在不断思考和琢磨中，带动了自身生活水平的提升——文字的发明让交往沟通变得顺畅，让群居生活更加和谐。

从这一角度来说，文字所蕴含的能量自然无比深厚。它是人类群体的智慧结晶，是人类独有的创造。所谓创造，本身就包含了奋进、向上的意义。在众多物种中，真正拥有创造力的物种只有人类。我们每一次能力的提升，都是一个螺旋上升的过程。积土而成山，积水而成海。正如我们能够自如应用文字，是长时间奋斗的结果，而非"天降神力"。

这背后也折射出一个重要的信息——唯有持续向上，才有可能持续变好。举一个简单例子，假如人类在某一个阶段停止追求更好的生活条件，那么今天的人类将会是何种状态，又是否会存在？我们不得而知。

在万千生物的进化发展道路上，人类虽然一步领先，却从不满足于此。当人类做到步步领先时，回首来时路，拼搏奋进已让我们与众不同。人类的演化过程自然可以被看作一场极其励志的奋斗征程。从四足行走到直立行走，到解放双手使用工具，到语言的产生、文字的创造，人类历史上每一次突破，都来自于人类自身持续不断的努力。

马克思曾在《青年在选择职业时的考虑》中说："历

史承认那些为共同目标劳动因而自己变得高尚的人是伟大人物；经验赞美那些为大多数人带来幸福的人是最幸福的人。"①人类的祖先们通过自身不断的努力改变了整个种族的生存环境，进化出更加优越的肌体结构。他们身上所折射出的奋斗者精神，不比后来者差分毫。

即便在当时那个"蛮荒"时代，我们的祖先们也明白一个道理，那就是幸福生活不可能从天而降，必须要依靠自己不断努力、不断创造。这样一个亘古不变的真理，在人类的血液中延续，最终使得人类成为人类。

第六节　积水成海文明传承

人类的发展是一个不断上升的过程。即便生命不断交替，发展的脉络也不曾断裂，即人类处于永恒的学习之中，前人掌握的智慧和能力可以传授给后人，这意味着人类的知识处于接力传承的过程。这也是人类与其他生物的一个显著区别。

许多动物也懂得学习，从物种的进化可见一斑。但动物的学习通常随着生命的消逝而灰飞烟灭，只有那些类似本能的行为，才最终得以保存。人类的聪慧之处在于，前人所有的努力都不会白费。一代代人都将掌握那些技能，并站在前人的肩

---

① 马克思恩格斯全集（第40卷）[M]. 北京：人民出版社，1982：3.

膀上看更加广阔的世界,习得更加高级的技能。因此,今天人类社会的所有进步,都是群体努力的结果。

大卫·克里斯蒂安在《时间地图》中描述过这样一种情形:人类经过数百万年进化而来的适应技巧,在跨过某道门槛的时候突然发生了某种转型。这里的门槛,与人类的学习能力提高相关。学习能力的提升,便是一次次尝试后取得进步并不断累积的结果。

所谓累积,是指人类可以通过前人留下的语言和文字掌握某项技能。比如,动物掌握某项技能常常需要其他动物演示。人们在孩童时期,或许对于如何使用餐具也需要他人演示,但当其成长至一定阶段,便可自行了解更丰富的知识。这一点动物自然无法做到。

在前进的历史岁月中,人类日复一日累积的智慧如滚雪球一般,形成了人类社会的文明体系。这何尝不是一段可歌可泣的接力赛。今人所拥有的一切,都有前人不可磨灭的功绩。那是一群渴望更加美好生活的种族所创造出来的成果。

我们当然可以说,人类心中的渴望,点燃了象征着奋斗的火焰,形成了今天的世界。

此外,累积的文化也是集体知识的集合。知识集合之后,常常能产生巨大的能量。正如麦克迈克尔在《危险的地球》中提到,这种集合能产生一种类似复利的效果——有利于几代人在文化和技术发展道路上不断前进。沿着这一道路前行的人类,慢慢走进了一个全新的世界。知识、技能的代代传播，赋予了人类空前的能力，即便在完全陌生的环境中，我们也可以根据需要创造想要的环境。这意味着人类拥有了超强的生存能力。

当然，这种超强生存能力也许在历史发展进程中带来了一些不好的影响。比如，如今受到广泛关注的环境破坏、物种灭绝等问题，有不少都归结于人类的某些行为。但是当历史回归人类曾经发展的时代，那些有关智慧与努力的故事总是不容忽视。

值得一提的是，人类这个群体内部始终在进行筛选和淘汰，那些不符合要求的人，最终将一一出局。自然法则的残酷在于，即便某个物种已经有所领先，但不进则退的长鞭始终不曾远去。正是如此，房龙说："几千年过去了，只有那些头脑最聪明的人活了下来。"①

集体知识的集合让人类在很大程度上避免了"一切重头再来"。但是，一旦有人"偷懒"，代价是非常残酷的。这套法则在今天的社会中仍然适用。我们可以想象，当人类整个大群体都处于前行的状态时，如果有一部分人选择停滞，无异于主动选择被社会淘汰。

历史为人类揭示了一个真理，那就是唯有持续不断地努力，才可能拥有更加美好的生活。即便是作为拥有集体知识的群体，人类也不能躺在前人的功劳簿上理所应当地享受

---

① ［美］亨德里克·房龙. 人类的故事[M]. 刘海译. 陕西：陕西师范大学出版社，2007.

奋进的印迹

一切。当然，历史的进程显示，人类始终处于前行的状态之中。正是如此，人类社会才有农业革命、工业革命、信息技术革命等。那些始终不曾止步的奋斗者们，促使人类生活发生了翻天覆地的变化。

第二章　重提奋斗精神

为什么要重提奋斗精神？

人类历史上有5个极具代表性的"革命"时期。从农业革命时，人类驯化家畜和植物；到第一次工业革命时，人类探索蒸汽机，挖掘出无机世界的能量；接着到第二次工业革命，电力、石油、原子能也被开发为人类所用；一直到信息高速路的搭建，万物开始联通；甚至未来人类还将通往更广阔的人工智能时代。在一段段关键时期中，历史的路径从来没有脱离奋斗二字。

第一节　从无到有开创农耕文明

我们现在重回农业革命时期，沿着历史的脉络，探寻奋斗精神到底有什么作用。

在旧石器时代，并不具备天然优势的人类一路赶超，最终慢慢从物种博弈的边缘进入中心地带。进化的优势显而易见：更强的适应机能，让人类可以不断迁徙，甚至可以到达条件艰苦的北极冰原和热带丛林。

人类的迁徙史气势恢宏，写满了有关生存、搏斗、奋发的词汇。大约10万年前，人类的祖先从非洲出发，将足迹蔓延

奋进的印迹

至冰川时期的西伯利亚大草原、亚欧大陆极地苔原、南太平洋小岛,甚至是美洲等环境迥异的地区[①]。

一个物种完全依靠自己的力量,就能将族群的痕迹留在各大陆地板块上,本身已经是奇迹。何况在漫长的迁徙中,这个聪明的物种还不断从实践中总结经验,提高了驾驭环境的能力。

人类在不断迁徙中培养出的超强适应能力,在第四纪冰川晚期(约1.1万年前)气候迎来巨变时,完全显现了出来。

当气候发生巨变时,植被的生长情况也发生了翻天覆地的变化,不能及时适应这种变化的植食动物惨遭灭绝灾难,而就像多米诺骨牌效应一样,以这些植食动物为食的肉食动物如果不及时改变生存策略,同样面临巨大灾难。就像剑齿虎、猛犸象、大角鹿等冰河时代的巨兽,熬过了冻结生机的冰河时代,却倒在了全新世温暖的阳光下。但人类的祖先凭借强大的适应能力,不但在巨变的气候中生存下来,还在新环境中开辟出新文明,跨进了发展过程中的一道关键门槛——农业革命。

掌握农耕技术前,人类在相当长的一段时间内都过着居无定所的游牧生活,他们采集、狩猎、捕鱼,随食物而不断迁徙。即便后来聪明的人类祖先已经开始有意识地驯化植物和动物,渔猎采集的生活方式仍然占据了很大比重。但随着时间

---

① [美]大卫·克里斯蒂安. 时间地图[M]. 晏可佳、段炼、芳云芳、姚蓓琴译. 北京:中信出版社,2017.

流逝，无论是外部环境还是种群内部环境都发生了变化，由于资源有限，加上粗放的生产方式对资源的利用率不高，所以，人类不断将生产技术集约化，以便从单位面积上获取更多的资源。要知道，从四处游牧到定居一地的转变过程并不容易。这可能意味着要在方圆一里获得以前方圆百里的资源。如果没有顽强毅力和进取精神，根本不可能达到这样的生产能力。

今天，当我们不再为吃饱肚子而发愁时，或许难以想象人类祖先是如何从无到有、从有到优地创造了璀璨的农耕文化。与持续了几千年的农耕文明相比，工业文明还太年轻，人类征服土地的历程背后充满坎坷与奇遇，蕴含着人类渴望美好生活的强大动力。

对美好生活的向往，让人类始终保持向上的动力。即便生产工具很简陋，人类开拓田地的欲望也很强。农耕文明让人类从被动的竞争参与者，转变为主动的策划者。这一转变最明显的表现就是人类开始大面积驯化动植物，并主导了食物经济的重新调整。

此时，我们对"奋斗"二字的理解是什么？

实际上，就是人类对生存繁衍的一场伟大试验。

驯化是最早的基因工程。我们的祖先通过人工淘汰的方式挑选出自己喜欢的物种，从而改变了一些动植物的生活方式，极大地提高了生产力。

距今大约11000年到9000年，"西南亚"的居民最早驯化了一批包括绿豆、豌豆在内的八种植物，开启了"新石器时代革命"的大门。当人类种下第一粒绿豆,收获第一个豆角时,并没有想到这将是人类文明新的起点。如果将这一改变放到生物进化的浩瀚世界中去,可能就像一只蝴蝶无意识地煽动了一次翅膀,但是将其聚焦到人类历史的发展脉络中去,却无异于掀起了巨大的波澜,这场驯化与后来发生的无数场驯化一起,驱动着人类文明的车轮滚滚向前。

农业革命并非某个地区或部落的个例,而是在世界范围内遍地开花。人类在长途迁徙后,完成了全世界范围的栖居。但后来海平面升高,连接大陆板块之间的陆桥被海水淹没,处于不同板块上的人类开始了相对独立的进化。然而即便如此,几乎在同一时期内,农业革命的起源地都掀起了动植物驯化的热潮。

大约9000年前,巴布亚新几内亚部分地区就开始种植芋头;大约在9500年到8800年前,中国就已经完成了对华南长江一带野生水稻的栽培;而大约9300年前,在非洲—亚欧大陆的拱形高原地带,牛就得到了驯化。①

这足以证明,潜藏在人类血液里的变革基因是相同的。

大约在公元前9500年到公元前3500年之间,人类在驯化动植物的热潮中,完成了小麦、稻米、玉米、马铃薯、小米和大麦的驯化。直到今天,即使人类的科技已经发达到能够上天入地,但食物热量超过90%的部分仍然来自于这一时期

---

① [美]大卫·克里斯蒂安. 时间地图[M]. 晏可佳、段炼、芳云芳、姚蓓琴译. 北京:中信出版社,2017.

驯化的植物。①

驯化不仅需要人类具有敢为天下先，与自然界争夺物种的改造权的勇气，还需要有拼搏的劲头和创新的精神。据学者研究，人类在"面试"物种时，有过许多失败的尝试。比如，鹿过于好动，橡实和榛子营养价值不高，比谷类和豆类更难储存，不具备被驯化的品质。

驯化植物，相对来说没有那么高的风险，反观动物的驯化，则充满刺激和惊险。人类在旧石器时代晚期就完成了对狼的驯化。可以想见，第一个驯化狼的人类，必定是付出了惨重的代价，才给后来人留下宝贵的经验。后来，随着群体知识的积累，人类凭借不屈不挠的精神，又驯化了比人类体型更大的牛、马，以及跑得更快的猪等动物。

人类对动物的驯化并非局限于控制动物的数量。大约在6000年前，人类在驯化动物的过程中，首次学会了利用其拖拽力，实现诸如拉车、耕地等生产方式的变革。不得不说，这种对有机世界动力资源的成功利用，甚至能够与后来蒸汽机、电、石油等无机世界能量的发现、利用相提并论。

进入农业社会后，人类摆脱了奔波、劳累、危险的采集渔猎生活，过上了相对安稳而饱足的生活。但这并不意味着人类进入农业社会就能高枕无忧。

在这一时期，奋斗的含义亦开始转变。过去更多是为

---

① ［以］尤瓦尔·赫拉利. 人类简史[M]. 林俊宏译. 北京：中信出版社，2017.

在激烈的物种竞争中求得生存而奋斗,进入农业社会,人类开始为实现更大范围的、更高质量的生活而拼搏。但总体而言,其转变幅度不大,仍旧未能摆脱有关生存的初级奋斗。

正是如此,在农业革命完成的几千年后,吴承恩在《西游记》中借孙悟空的口说,当人有了田地,"就要养马当差,纳粮办草,黄昏不得睡,五鼓不得眠。"尤瓦尔·赫拉利也在《人类简史》中直呼农业革命是"史上最大骗局"。事实证明,进入农业社会以后,人类就开始投入全部的心力照顾家畜和植物,不断忙着播种、浇水、除草、牧羊,不得空闲。

这一改变带来的直接影响是,人类必须比游牧时期更加努力奋进。所以,从这一层面而言,所谓"骗局"也是促使人类奋发向上的动力源。正如千百年甚至千万年来,人类一次次往前奔跑一样,农业革命不过是加速了这一奔跑过程。更为重要的是,在农业革命完成以后,人类的奋斗基因就在日复一日的劳作中被传承下来。

回望农业革命,其最大的影响在于让人类从食物链中一个平平无奇的物种,慢慢崛起为深刻影响其他物种的轴心物种。农业革命前,人类尚未"脱离动物",而农业革命后,人类则与"上帝"更近一步。

在漫长的历史脉络中,一手促成了农业革命的先人们不断发展,直到17—18世纪时,有关奋斗的含义,才在人类社会中上升到一个新阶段。

第二节　接力奋斗奏响工业革命

正如人类文明的画卷中，我们的祖先为了生存不断进化，从四足着地行走到直立行走，到解放双手、制造工具，到驯化动植物发展农耕文明等，我们每一代人都在努力向上生长，追求更好、更便利的生活。也是在这样的意识催发下，我们开始迈向工业化的大门。

工业化的起点是蒸汽机的发明与使用，并且在17世纪的英国率先掀起波澜。它在人类文明史上发挥的能量如此之大，以至于我们产生了一种错觉，那就是蒸汽机是在绵延不绝的文明脉络中突然跳出来的。

然而，蒸汽机的发明实际上是人类群体接力的结果。关于蒸汽机的构想由来已久，最早的萌芽甚至可以追溯到13世纪。当时火药从中国传入欧洲，人们发现热能可以转换为动能。这种神奇的力量打开了人们的思路——除了火药，还有什么能够转化为动能？

一场关于动力的革命由此埋下伏笔。16世纪时，欧洲出现大气压力能转为机械动力的观念。而到了1679年，法国发明家丹尼·帕潘从理论上首次证明蒸汽作为机械动力有潜在的用途。

尽管蒸汽动力在理论上已经趋于成熟，但和真正的实践之间还存在一定距离。要把理论用于实践，需要开拓的精神。英国首先具备了这种催发条件。1698年，伦敦的一个煤矿发明了一台工作蒸汽泵，可以利用蒸汽动力将水从矿井里面吸出来。

与人类一些其他技术发明一样，在蒸汽泵投入使用时，没有人会想到它会对后来的世界产生如此大的影响。这项最初并不起眼的发明经过人们的不断改良后成为人类历史上的一大创举，甚至有了改变世界的巨大力量。

这种巨大的力量，来源于人们对新技术的钻研精神。试想，如果没有一次次锲而不舍地尝试，蒸汽机技术就会陷入固化、僵滞。正是因为人们有刻苦钻研的精神，才让蒸汽机的性能一代比一代强，影响范围一次比一次大，最终成为撬动工业革命的支点。

在蒸汽机的逐步改良过程中，瓦特是绕不过的关键人物。18世纪60年代，瓦特曾多次钻研机器内部的技术，使蒸汽机消耗的燃料大为降低，更具适用性。"多次"这一词语承载的信息很大。难以想象，在三百多年前瓦特尝试改良蒸汽机时，会不会如人类最初学习直立行走，或者创造文字那般艰难。

但幸运的是，瓦特并没有在阻碍他成功的弯路上迷失方向。经他手改良的蒸汽机成为人类在动力使用上重大进步的标志。在人类学会利用动物拖拽力后的几千年中，一直使用的是有机的能量，随着蒸汽机的引入，人类在有机能源外开辟出了一个可以当作资源利用的全新生态市场——无机能量。

就像农业革命时，人类学会利用动物的拖拽力后，首先，就是要套牛车或马车。蒸汽机发明以后，这一技术也很快被用于交通运输革命。瓦特本人就曾提过研制"蒸汽机车"

的计划，但他还没来得及落实这一想法，1804年，一辆搭载着20吨货物的火车就在威尔士矿区缓缓开动了。铁路时代的前奏，已经拉响。

今天的我们，可能无法想象当时的人们看到第一列火车时的那种震撼。但可以肯定的是，在高速度和快节奏的影响下，19世纪前20年，人与人、国与国之间相互联系的速度，已经远远超过了前面几个世纪。

创新热潮还从英国辐射到欧洲、美洲、亚洲、大洋洲，最终在世界范围内引起巨大的变革波澜。

不难发现，在工业革命时期，奋斗二字的含义已经远远超脱生存需求，而转向了提升生活质量方面。这意味着人类奋斗的征程，已经有了质的飞跃。

就17、18世纪而言，比起陆路交通，海上运输对于经济活动的影响更为重大，所以，人们对汽船的构想甚至早于火车。但是因为时代局限，1787年汽船发明之后，并未得到推广。大概三十年后，美国商人福尔顿成立汽船公司开通定期航班时，汽船才真正加入了交通运输的革命。

这场革命彻底改变了人类的生活方式。依托人力或者动物拖拽力前行的交通时代告一段落，全新的动力由此登上时代舞台。值得一提的是，任何有关于人类的变革，都不是一朝一夕的事情，也不可能由一人一力来完成，它必定是一场群体奋斗的结果，是连续几代人的伟大事业。这一时期的群体奋斗，带来了工业文明的曙光，而工业文明的建立，又赢得了全人类的共同胜利。

奋进的印迹

第三节　无边际尝试与万家电灯

如果没有电，人类的生活状态会是什么样子？

每当夜幕降临，唯有烛火闪烁。一盏电灯照亮万家的模样，便只能是遥远的想象。

电力革命的来到，可谓跨时代地改变了人类的生活状态。我们知道，每一个里程碑式的进步，都将带动人类的生活条件更上层楼。行至这一阶段的人类，奋斗又具备怎样的含义？

有关这一阶段的奋斗，是一场全球范围内的科学实验，是一群强烈渴望改变世界的人，全心投入进行的一场没有边际的尝试与探索。

当工业革命轰轰烈烈地进行时，一群工程师埋首苦钻"蒸汽机"，探求更高效率转化热能的方法；而另一群纯理论研究的科学家则"钉"在实验室中，一天14个小时卖力地工作，探索大自然最神秘的力量之一——电力。

天性喜欢探索的人类对电力的兴趣，很早之前已有征兆。早在公元前，古希腊的哲学家们就发现了一个神奇的现象：用羊毛摩擦过的琥珀能吸附小片的稻草和羽毛碎屑。[1]

当时的哲学家们没有想到，就是这种几乎微不可见的能量，在2000多年后人类意志的驱使下，能产生比人体所能创造

---

[1] ［美］亨德里克·房龙. 人类的故事[M]. 刘海译. 陕西：陕西师范大学出版社，2007.

的还要强大百万倍，甚至千万倍的力量。从极小到极大，这一转化过程隔着漫长的跃升。

早期的人类甚至无法捕获神秘莫测的电力，一直到18世纪奠定了一定的科学基础以后，大批科学家投入对电的研究，才唤醒了电力复苏的脉搏。

起初，电力只是实验室莱顿瓶中产生的小电火花，指节大小，没有任何威慑力。但随着无数科学家的努力，这节小火花所蕴含的无穷力量逐渐得到释放，最终产生了越过高山、跨过海洋的巨大能量。

1821年，英国人法拉第在奥斯特的启发下，完成了一项意义重大的发明装置。装置主体由导线、磁铁、水银杯、电池组组成，异常简陋，与今天实验室内许多精密的高科技仪器无法相比。但是，今天的物理学家们看到这个简陋的装置时，必定会争先恐后地围上前学习观察，因为它是世界上所有发电机的祖先，通过它，人类第一次完成了电能向机械能的转化。它的出现，开启了人类历史的新纪元——电气时代。

那些充满勇气和毅力的发明家被唤起了无穷的斗志。他们前赴后继地利用这一新发明制造让人惊叹的新设备，并且不计回报地将发现公之于世。群体奋斗的时刻再次来临，那些具备知识和想法的人，不断地进行创造性的尝试。

在无数喷薄而出的想法中，一个叫摩尔斯的科学家提出用一个小机器，通过电流把信息从一个城市传递到另一个城市。不过，当时他的这一想法被认为太过异想天开，招来不少嘲讽。但摩尔斯并没有放弃，在花光自己的积蓄后，又到处

奋进的印迹

筹集资金推进这个项目。摩尔斯一次次碰壁，奔忙了整整12年后，终于获得了一小笔美国国会拨款。摩尔斯在纽约和巴尔的摩之间建造了一条"电报线"，并且在1837年第一次成功地向世界演示了电报。

电报的诞生远比我们想象中更为波折。12年光阴岁月，失败和短暂的希望总是交替来临。摩尔斯凭借心中的顽强信念，始终坚持不懈。在某种程度上，没有摩尔斯的坚持，或许人类新的通信时代就会迟到。而摩尔斯经过十数年奔忙，最终得偿所愿，诠释了什么叫功夫不负有心人。正如茨威格在《人类群星闪耀时》中向世人传达的那样："是生命中最强大的动力元素——人的意志，创造奇迹的电的力量。"

在影响人类文明的14个闪耀瞬间中，茨威格把唯一一个技术发明的荣耀瞬间，给了大西洋海底电缆的搭建。"诗人乃是时代的触须"，茨威格靠着极度的敏锐，捕捉到了电力技术划时代的意义，也窥见了推动技术革新最根本的动力：狂热的渴望与超强的意志力。

自电报产生以后，人类社会的通信方式及格局都发生了变化，信息能够在墨迹还未干时就从英国传到德国，速度快到惊人。然而，因为大西洋的阻隔，作为第二次工业革命两大舞台的美国和欧洲，还是依靠传统落后的方式通信。这激发了潜藏在人类血液中的斗志。

虽然此时海底电缆已经不是新鲜的名词，毕竟英吉利海峡的电缆就贯通了英国和欧洲，使两个重要的躯干部位共用同一个大脑和心脏。但英吉利海峡和茫茫大西洋毕竟不是一个体量，所以，当有人提到要铺设跨洋电缆时，学者直摇头：
"不可能，荒谬！"但总有人不怕挫折、迎难而上，英国工程师吉斯伯恩和商人菲尔德就是这样的梦想家。

这一宏大的跨洋工程注定是坎坷的，前后经历了四次尝试、一次重击，总共花费了数百万英镑。菲尔德更是克服重重困难，31次横越大西洋，经过漫长的等待，才终于迎来电缆铺设完成的历史瞬间。可想而知，如果没有坚强的毅力作为支撑，这一被摩尔斯预言为"这个世纪最伟大的创举"的项目，就只能半途而废。

以菲尔德为代表的人以超强的意志和不屈不挠的精神，推动横跨大西洋的海底电缆的成功铺设，最终让欧洲和美国连为一个整体。也让人类首次超越了时间、空间，永远地联结在一起。

除电报外，一系列全新的发明相继面世，比如电话、电灯、电影。更为关键的是，以电力为引子，人类还加速了对石油的利用。内燃机被发明出来后，需要石油为其提供强大的动力，基于此，人类才能借助工具"上天入地"。每一项技术创新的背后，都是人类强大的意志在起推动作用。当人类的意志熄灭，技术的更新也就终结了，但如果意志能够不断长存，技术迭代就会不断持续。

第四节　非凡创意与信息化浪潮

工业革命后的一两百年，我们经历了一连串风云变幻，

奋进的印迹

见证了政治、经济、文化以及人类思维等方面种种堪称奇迹的革命。这些变化迅速、广泛、深刻，但是与信息化浪潮给我们带来的震撼相比，还是要稍逊一筹。

众所周知，技术变迁是加速社会转型的催化剂。蒸汽机、发电机、内燃机让人类进步速度更快、力量更强，但是在时间和空间上实际仍旧没有实现完全跨越。而在信息化时代来临后，时间和空间都以空前的速度被压缩。

信息化的代表事物是计算机。1946年，美国宾夕法尼亚大学诞生了世界上第一台计算机，即电子数值积分计算机，简称ENIAC。ENIAC的诞生，是计算机史上划时代的坐标。但是ENIAC并非计算机研究的起点。在历史上，人们很早就做出了相关探索和尝试。

如果单纯按照能够帮我们计算、处理数据的工具这个定义来描述计算机，中国古代的算盘应该也算是一种计算机。只不过它是靠人工拨动。此外，在工业革命开始前的17世纪，帕斯卡使用齿轮和发条，做出了第一台机械式计算机。

这是一个非凡的创意，在人类计算史上是一个伟大的跨越。但是机械式计算机运行能力并不理想，自动计算机曾一度走入冰河期。好在电力的出现打破了计算机的发展瓶颈。电流能产生比齿轮更高的强大动力，促使计算效率大大提升。在第二次世界大战的战场上，靠电力驱动的计算机一展拳脚，负责炮弹运行轨迹这样复杂的计算问题。到ENIAC诞生时，计算机的研究又经过了几代科学家的努力，其中包括阿兰·图灵、冯诺依曼等耳熟能详的领军人物。

可以说，奠定现代计算机结构的第一台计算机ENIAC，其实是群体智慧的结晶。它很难简单地归功于某一个或某几个人，因为每一台曾经迸发出创新火花的计算机，都对计算机发展史有举足轻重的作用。正是这一点点看似零星的进步，最终汇涓成海，造就卓越。

现代意义上的计算机的出现，意味着人类历史进入了一个全新的阶段。

尽管第一台计算机巨大又笨重，用今天的眼光来看，其计算能力也不过尔尔，但它确实促发了一场伟大的技术革命。因为对于新事物来说，成长的空间永远比起点的高低更重要。计算机诞生之后的成长空间，是人类从对机械能的驾驭，跨越到了对智能的把握。在此过程中，互联网则充当了"输送血液"的桥梁。

正如每一次技术革命之后，人类都会想将新技术应用到信息传播之中。电报、电话，概莫如是。计算机的发明，也让20世纪的技术先驱们开始思考，如果能将每一台计算机连接在一起，是不是能进一步延伸我们的信息传播渠道？在思考中，互联网由此产生。

人类这一时期的奋斗，可以看作是一场全球信息互联的接力赛。这时的奋斗，已经脱离了诸如"打地基"一般的基础"革命"时期，上升到改变全球关系的阶段。

刚开始，互联网只是军工、国防等重要部门才能使用的技术，但随着一代代人的努力，计算机不断脱胎换骨，从占据几个房间的庞然大物，成为不仅小巧还支持个人安装的计算机,互联网也开始连接每一个人。如此一来,计算机巨大的价值潜能就被释放出来。在互联网的连接下,计算机极大地增强了获取信息的效率。集体知识爆炸性传播,信息以前所未有的速度席卷全球,创造出无穷的价值。人类的发展又迈上了一个全新的台阶,信息化时代来了。

我们所熟知的文字、图片、声音、视频等,都是信息的表现形式,都在互联网这个通道内输送传播。在信息传递的过程中,它甚至让人存在于全新的虚拟空间。计算机技术的进步打破了空间与空间的隔绝,颠覆了全世界人民的生活方式。

与前两次工业革命相比,第三次信息化浪潮的全球联动效应更为明显,抵达了前几次浪潮未曾触及的地区。南美、东亚等地区也成为信息化的参与者和推动者,中国更是其中的佼佼者。蒸汽和电气革命时,中国囿于时代局限,处于大变化、大改革的边缘。但在信息化的浪潮中,中国主动融入、积极参与,成为这次浪潮中的重要力量。

直到现在,信息化的浪潮仍然一如往昔,汹涌澎湃。其实认真计算起来,大范围应用计算机的时间也不过短短几十年。如果将这几十年放到整个人类历史中去衡量,不过须臾之间。宇宙天体的诞生、运转,往往要以千万年、亿万年来计算,物种的进化也多持续成百上千万年的岁月。但就目前所知唯有人类,在不断发展中以更短的时间,创造出了属于自己的文明。

在人类文明发展的每一个阶段,"奋斗"的具体含义都有所不同,那么站在信息化浪潮之中的我们,将在下一阶段书写怎样的未来?

第五节 从进化赋能到人工智能

新时代最大的特点就是"智能"。这时候人类奋斗的领域已经远远超过了物理世界,在数字世界中也有时代弄潮儿矫健的身影。因此,我们也可以说,在人机交互的时代,人类奋斗的意义被赋予了更丰富的内涵。

科学技术总是在一代代积累和迭代。当蒸汽机转动时,电力兴起的种子就已埋下;当电气时代来临,就有了信息化的线索。当我们身处的信息化浪潮时,新一轮技术革命的土壤便已出现。如今,我们便正处于从信息化到人工智能的变革之中。

"人工智能"这一概念刚刚被提出时,很多人都将其视作天方夜谭,但仅仅过去了60多年,这种情况就发生了逆转。作为21世纪三大尖端技术之一的人工智能,正以一种势不可挡的态势与人类的生活交融,驱动世界以前所未有的速度滚滚向前。

公路上,无人驾驶汽车无须司机操控就能飞速行驶;机场里,通过"刷脸"就能实现值机、安检、登机等活动;无人超市里,顾客不用排队、不用结账,选好东西就可以直接离开……这些曾经存在于想象中的场景,如今正逐渐变得寻常。可以说,人工智能是人类科技史上的一次飞跃,而这种前无古人的创新,背后是无数奋斗者日日夜夜的坚守与付出。

奋进的印迹

人工智能的迹象早已有之。计算机本身就是一种人工智能，只是它是一种弱人工智能。我们知道，计算机的别名又叫电脑。"脑"这个字很耐人寻味。人脑是人体最精巧的器官，电脑其实可以被看作是人类的智能制造，是人脑在数字世界中的延伸。

1950年，有"计算机科学之父"美誉的阿兰·图灵以一篇《机器能思考吗？》的论文，掀起了学术界关于机器智能论辩的思想风暴，此时离计算机ENIAC诞生仅过去4年。就在同一年，阿兰·图灵还提出了人工智能史上著名的"图灵测试"[1]，这一测试好比机器世界的成人高考，在智能与非智能之间设置了一道门槛。而为让人工制造的机器通过这场"考试"，无数科研工作者夜以继日地在人工智能领域艰难探索，促使人工智能不断"进化"。

大约从20世纪40年代ENIAC的诞生算起，到90年代"神经网络"技术的突破，人工智能经历了第一个阶段：辅助人脑工作。这一阶段，人工智能拥有超强的计算能力和记忆能力，并慢慢开始自主学习的尝试，这就是初步的智能特征。

让机器具备学习能力，这是一个巨大的技术门槛。一直以来，学习和知识积累都是人类引以为傲的一项"专利"。我们要赋予冰冷的机器超越人的智能，不仅涉及量子计算和生物

---

[1] 图灵测试：如果电脑能在5分钟内回答由人类测试者提出的一系列问题，且其超过30%的回答让测试者误认为是人类所答，则电脑通过测试。

工程，还要让万物互联互通，这其中必定有成千上万个技术难点等待人类去突破。而所有的技术攻关，都是一场华丽的冒险。在这场冒险中，唯有持之以恒的决心和敢于探索的勇气，方可托起技术之舟。

近10年来，人工智能进入迅速发展时期。尤其是2016年人工智能机器人Alpha Go以4∶1的成绩打败世界围棋冠军李世石后，人工智能这一概念在世界上引起了轩然大波，引得人们纷纷投身这一领域，加速了它的发展。

人工智能也是人类智慧的放大工具，是人类寻找到的一种撬动自我的新支点。我们无法得知，20年后的社会在人工智能的赋能之下会变成什么样子，但毋庸置疑的是，人类是一切技术进步的推手。基于人工智能，整个社会的发展状态，将会呈现全新的模样。

霍金说过，对于人类而言，人工智能或许是最好的事，也或许是终结人类的最坏的事。好坏由人，也不由人。人所创造的万物互联的"联合体"，也在塑造着人本身。Alpha Go放大了人类的围棋竞技智慧，未来，人工智能还会被应用到现实世界中更多的领域。这里面的想象空间很大，或许人工智能会和全产业实现融合，人类文明会进入一个不可思议的阶段。

纵观人类的整个文明发展历程，从原始采集渔猎社会，到农业化、工业化，再到信息化，每一个时代都是前一个时代憧憬的实现。人类站在高处仰望更高处，去触摸，去抵达，凭借不断向上的精神，凭借跳出地球看世界的勇气，一步步攀登，最终把童话变为现实。

奋进的印迹

我们常常感叹，人类真是既脆弱又强大。脆弱时，哪怕小小的感冒都能要我们的性命。但强大时，我们可以无坚不摧、无往不胜，创造出举世惊叹的奇迹。从对豌豆的驯化，到对人工智能的探索，在一次又一次的技术革命中，奋斗者精神被不断赋予新的内涵。从历史的进程来看，持续奋斗是人类的使命，也是宿命。

正是如此，我们认为，奋斗精神是人类社会变革的内生动力。

时代是奋斗二字造就的，时代也依靠持续奋斗向前推进。未来，我们将在奋斗精神的赋能下开创崭新的时代。这便是我们重提奋斗精神的关键因素。

第三章　历史是奋斗者的坐标系

茨威格曾说过:"总是需要无数的光阴无谓地流逝,才能等到一个真正具有历史意义的时刻——一个人类群星闪耀的时刻。"[①]这个极具历史意义的时刻,决定了一个人的生死,一个民族的存亡,甚至决定了后世几百代人的生活。

历史上有伟大的人物,他们如长夜之星,汇聚一处便照亮整个夜空。他们涉及各个领域,他们生于各个时期,他们来自各个国家。但他们都有一个共同点——以自身之力,影响世界。

从他们的故事中我们能够发现:某一类群体的奋斗常常能够改变全人类的生活。他们身上闪耀着奋斗者的光芒,他们改变了人类认知世界的方式,更改变了这个世界。

当我们将目光聚焦于他们身上时,总是不免思考:奋斗者到底包含哪些品质?为什么历史能够记住这样一群人的名字?为什么光阴无法掩盖他们的功绩?

---

① [奥]斯蒂芬·茨威格. 人类群星闪耀时[M]. 梁锡江译. 南京:江苏凤凰文艺出版社,2019.

第一节　从执着不退到思想永存

纵观人类文明发展的历程，那些曾经改变了世界的奋斗者或许容貌千差万别，或许性格大相径庭，但他们身上总是具有一些相似的品质。这些品质并非世间少有，相反，即便是普通人都能够具备。

在众多品质中，如拓荒牛一般的执着品质，往往会被放在比较突出的位置。我们在漫长的时间长河中看到了许多具备这样品质的人，也正是如此，历史才会给他们一席之地。

什么是执着？

这好似是一个放在任何人身上都合适的标签。但当我们将目光落在那些用一生坚持做一件事的人身上时，"执着"便不再是一个轻飘飘的词汇，而是一个人的一生。

以思想传播为例。在这一领域中涌现的开山一般的人物，确实对人类社会的发展影响深远。思想是人类与其他物种之间最重要的差别之一。大部分物质都有一个存在时限，或是几年，或是几十年，或是几百年……但思想却能在一代代人的传递中永远存续。世界的东西方都分别有自己的思想滥觞时期，也都有其思想代表的轴心人物，他们奠定了各自民族几千年的思想基础，成为影响后世的思想坐标。

中华五千年文明史中，名垂青史者不在少数，但要从影响人数之多、范围之广、时间之长来看，恐怕要以孔子为先。千百年来，孔子被尊为"圣人"，受到上至统治阶层下至平民百姓的尊崇。尽管如此，孔子在世时的时运却不算太好。

孔子生于周王室式微之时，偏又长于周文化兴盛的鲁国，在"礼崩乐坏"的春秋时期，他所主张的克己复礼、以德和礼治理社会不符合野心勃勃的诸侯国君喜好，注定不能一展抱负。但好在他的思想在教育中得到了传播，历史上因此便多了一个思想的巨人。

孔子出生于鲁国的没落贵族家庭，十五岁时立志学习礼乐，后来开始自学，经过四处求学到而立之年才正式出师。但是在世卿世禄的"铁板"用人制度下，孔子哪怕学富五车，也不能进入庙堂，只能退而求其次，"曲线从政"。

当时受教育是贵族阶层的特权。不过孔子将《诗》《书》《礼》《乐》《易》《春秋》融会贯通后，开始不论出身收徒讲学，因此，门下求学者众多。私学的成功兴办让孔子的思想广为传播，也促使文化传承的重心由官府向民间转移。孔子五十多岁时第一次进入政治殿堂，但依旧没能实现自己的政治理想。他渴望自己的思想能够得到践行，于是在本该颐养天年的年纪，开始了十四年周游列国的坎坷之路。

孔子携弟子辗于卫、陈、曹、宋、郑、蔡、楚等国，一路风尘仆仆，艰辛异常。前后经受了匡城之困、绝粮七日、被嘲丧家之犬等磨难，诚可谓"士不可以不弘毅，任重而道远"的真实写照。尽管始终不得掌权者重视，但是，孔子始终对自己的思想有着坚定的信仰，他周游列国期间，虽没有在政治上得到重用，但其思想主张却得到了广泛传播。

试想，如果孔子没有砥砺奋进的精神，缺少周游列国的勇气，其思想的影响力就会困于一城一国，难以达到"弟子三千，其中贤人七十二"这一桃李满天下的盛况。后来儒家学派的继承者，也不会如此众多，更别说迎来汉武帝时"罢黜百家，独尊儒术"的黄金时代。毕竟诸子百家，因为传承有限，消失在历史洪流中的不在少数。

孔子活跃于大约2500年前的春秋时代。直到今天，他的思想依然是我们学习传统文化必须研习的重点篇目。因为其以"仁"为核心的思想，是儒家思想的主线，可以说，要学习中国传统文化，必须要学儒家文化。而要学儒家文化，则必须要学孔子。如此方能得精髓。

两千多年来，孔子的思想深刻影响了中国人的性格和品格，其生命力和穿透力，足以跨越时间和空间的界限。

在地球另一边的爱琴海畔，几乎与孔子同一时期的西方世界，也在兴起另一种同样伟大的思想——西方哲学。苏格拉底是其中重要的奠基人。

和孔子相似，苏格拉底也生于原有政治制度溃败的后期。他见证了雅典辉煌的民主政治逐渐衰败的过程。伟大的思想往往诞生于挫折之中。当时社会逐渐陷入动荡、道德沦丧的失序状态，苏格拉底也在动乱中产生变革哲学思想的想法，试图挽救社会道德于狂澜之中。

苏格拉底以传授知识使命，热爱四处找人谈话辩论，提倡哲学应当建立在稳固的理性主义基础上。他的名言"认识你自己"被深深地刻在德尔斐阿波罗神庙墙上，成为西方理性主义最响亮的口号。苏格拉底一生简朴，在物质上无欲无求，只是专心致志地做学问，丰富自己的精神世界。那个时代最伟大的思想家风格都很类似，和孔子一样，苏格拉底本身也没有著作传世，其成就和思想都是由学生柏拉图整理记录而成。后来，柏拉图及再传弟子亚里士多德在苏格拉底的基础上，创建了庞大的哲学体系，由此缔造了古希腊哲学的全盛时期。

尽管苏格拉底对西方哲学的发展作出了巨大贡献，但他在当时却并未受到应有的礼遇。甚至，他还为当权者和社会所不容，最终于公元前399年被控诉不敬城邦认可的神灵而判处死刑。虽然有机会逃离雅典，但苏格拉底认为，"未经理性审查的生活是毫无意义的"，最终饮毒酒从容赴死，以身殉道。

即使苏格拉底的肉身泯灭了，其思想仍然永垂不朽。他提倡的理性主义是希腊哲学及思想的主流，并在文艺复兴时，成为重要的旗帜，从而影响了整个西方的哲学、思想以及科学体系。正是如此，恩格斯曾说："没有希腊罗马奠定的基础，就没有近代的欧洲。"[①]追根溯源，没有苏格拉底，欧洲可能就不会成为现在的欧洲。

思想文化的传播需要载体，书籍便是重要的载体之一。在提及这一传播载体时，我们总是不能忽视创造它的典型人物。最初发明纸的人已经无可考证，但是在纸的发展历史上，有一个不得不提的关键人物，那便是东汉的蔡伦。

---

① 恩格斯. 反杜林论[M]. 北京：人民文学出版社，1962：112.

奋进的印迹

蔡伦出身低微，初进汉宫当差时只是一个小黄门，后来步步崛起为掌管御用器物制造的尚方令。在与工匠相处中，蔡伦发现了西汉流传下来的造纸术。这对于解决当时竹简笨重、布帛昂贵的难题有重要的启示。蔡伦因此带领工匠，开始改良造纸术。

这一段历史，在《后汉书·蔡伦传》里被记录为简短的一段："自古书契，多编以竹简；其用缣帛者，谓之为纸。缣贵而简重，并不便于人。伦乃造意，用树肤、麻头及敝布、鱼网以为纸。"

我们无法想象这寥寥几十个字背后，到底掩藏了多少试错和改良的艰辛。但功在千秋的"蔡侯纸"，就在这几十个字的折叠中产生了。纸由此成为人类文化传播最重要的载体，在通过丝绸之路传到中亚、西欧以后，影响了中外近两千年时间。可以说，它为全人类带去了先贤的智慧之光。

从思想文化的领域看，人类历史上确实不乏执着坚定的人。这些人开创的历史关键时刻，或许在当时不为人所理解，但时间总会给予他们最好的回馈。那些试图改变世界的人，并非沧海一粟，他们的精神品质照耀千古、永不过时。

第二节　从打破枷锁到生命探秘

"他如同一个星际的漂移物，在自己的世界里睁开了茫然的眼睛。"这是1965年，人类第一次看见了自身生命的开始。①人类学摄影家伦纳·德尔森拍摄了一组发育中的胎儿形象,宛若投石入水溅起朵朵浪花——这张照片带给人类巨大的兴奋感。在此之前,一代又一代人在人类认识自我的征程上做出了诸多努力。

研究生命源起进化的过程,本身就是一场接力赛。科学家们前赴后继,试图解答生命奥秘的行为,构成了一幅有关生命研究的奋斗图景。

这里不得不提的人物便是达尔文。作为进化论的奠基人,达尔文的理论对后世产生了巨大的影响。而回到他所处的时代,我们才会感受到,这个敢于提出生物进化学说的英国人,到底具有何等的勇气和胆量。

如果你来到19世纪的英国询问人类起源的问题,绝大多数人都会告诉你:我们是上帝亲自创造的。这是个宗教统治的时代,神创论占据了社会的主流。几乎每个人都相信神灵,并认为只有诚心向神,死后才可以上天堂。当然并非人人如此,因为这时进化论先驱有关物种进化的理论也开始展露苗头。

在这样一个以神为主流价值观的世界里,达尔文走了一条完全不同的道路——坚信生物是进化而来。

这样的信仰注定与当时的主流观点背道而驰。但即便如此,达尔文还是选择坚持自我认知。因此,我们所说敢于推翻

---

① [美]亨德里克·房龙. 人类的故事[M]. 刘海译. 西安:陕西师范大学出版社, 2007.

奋进的印迹

旧体系的勇气，实际上就是如他一般"敢与天下人为敌"的魄力。

1831年，22岁的达尔文登上"贝格尔号"。此后5年，他在南美东海岸开展科考和地图绘制工作。同时，为了印证生物进化理论，达尔文进行了大量的资料搜集。

历史永远无法忽略有关达尔文的篇章。即便当时达尔文接触到的进化学说只是一个处于雏形的假说，这位孤独的先驱仍旧在思考，自己是否可以利用环球航行，建立全新的进化理论。过程是缓慢而枯燥的，但历史证明，达尔文在异乡寻找着实物资料的时刻，是人类追寻真理的伟大时刻。

在厄瓜多尔西岸，达尔文发现了大量的海龟与地雀。这些动物在体型、颜色等方面都与同类有所差异。如果按照神创论解释，多少显得有些牵强。在达尔文心中，物种是逐步进化而来的想法越来越坚定。在环球航行的过程中，越来越多的自然现象、生物状况等，似乎都在印证这一答案。如在智利安第斯山3657米海拔之处存在着海蛤类化石，意味着山地曾经是海洋，自然界也是经过变化才成为今天的模样。

显然，达尔文在环球航行中，对整个世界的看法与生物演变的奥秘有了更深的认知。他在不断学习先进知识的过程中意识到，世界并非上帝在一周内所创造，所有的动植物都发生过变化，而且这些变化还在持续，至于人类，也可能是由某种原始动物转变而来。达尔文开始着手著书，以实际科考的资料证明生物进化的观点。1859年，一个历史性的时刻来到。生命科学领域一部划时代的巨著——《物种起源》出版。但是，这一代表达尔文进化学说的书籍,在当时并没产生多大的影响力。不难想象,在神学统治的社会环境下,又有多少人愿意接受这一新兴理论?更何况,物种进化的学说还触犯了教会的利益。

实际上,能够发表这一著作已经显示了达尔文非凡的勇气与智慧。即便是在神学主导的时代,即便在当时接受这一理论的人并不多,但是这一著作的问世就已经冲破了思想的枷锁。在人类认识自我的征程上,达尔文的生物进化理论发挥了如基石一般的重要作用。

这是人类群体中的个体荣耀时刻。如达尔文一般为生物进化理论寻求论证的科学家们,完成了一次生命史上具有深远意义的转折。在人类历史上,敢于突破迷信,追逐真理的那部分人,始终代表了人类永不消退的追寻真理的勇气。而这一勇气背后的代表人物,最终都将在历史的画卷中显露身影。

孟德尔便是这样一位人物。作为现代遗传学创始人,孟德尔的经历几乎就是奋斗者精神的极致体现。与达尔文优渥的家境相比,孟德尔的家庭环境实在贫寒。他生于一个几代务农的家庭,祖祖辈辈都依靠租种别人的土地为生。或许是受到父母种植花草园林的影响,孟德尔从小也对植物有浓厚的兴趣。

然而,因家境贫寒,孟德尔的学习生活清贫艰苦至极。他只能租住最便宜的房子,平时吃食都需要父母送来。有时父母供应不上,他便只能饿着肚子上课。这样贫苦交加的生活与中国北宋文学家范仲淹非常类似。范仲淹孤身到南京求学时，生活同样清苦至极——每天只煮一锅粥，待粥凉后凝固成块，便将其一分为四，拌上一点韭菜末，早晚各吃两块。

或许是"天将降大任于斯人也，必先劳其筋骨，饿其体肤"，在如此饥寒交迫的境况下，无论是孟德尔还是范仲淹，最终都在各自的领域熠熠生辉。

1856年到1863年，孟德尔用长达八年的时间进行了著名的豌豆杂交实验。八年如一日，他如养儿女一般小心翼翼地养护豌豆。终于，孟德尔发现了生物遗传的分离定律和自由组合定律。继达尔文提出生物进化学说后，生物界又一个具有划时代意义的时刻来到——孟德尔遗传定律奠定了遗传学的基础，人类探求生命奥秘的进程又前进了一步。

然而，当孟德尔汇报自己的理论成果时，现场的植物学家、化学家、地质学家等几乎都未表现出太大的兴趣。孟德尔将此次演讲内容整理成一本论文，并于1866年发表。让人遗憾的是，这一极具价值与影响力的著作依旧被埋没在角落多年。

直到1900年——孟德尔的论文《植物杂交的试验》发表34年后，人们才真正注意到孟德尔。伟大的真理最终都将被实践认可。正是如此，即便生前挫折重重，孟德尔还是坚信自己的理论将对世界产生重大影响。他曾自信地对好友讲过这样一句话——等着瞧吧，属于我的时代终将会来临！

历史再一次给出了答案。

虽然在追寻科学的路上，孟德尔孤身一人，但最终他的名字传遍了世界。从这一角度而言，无论是达尔文还是孟德尔，他们都是幸运的。自人类出现以来的岁月里，有不计其数的人诞生、死去。平凡生命的逝去，几乎不会对历史产生影响，更别指望历史能够记住他们。但历史偏偏记住了他们——那些为追寻真理、实现目标而奋不顾身的人。

第三节　从使命感追寻医学脉络

使命感能够为个人蓄积强大动力。在那些试图改变世界的人身上，使命感的共性极具穿透力。因为超强的信仰，他们能做到常人所不能做到的事，更能坚持常人所不能坚持的事。

如果我们将这一类人锁定在医学领域，在这一极具代表性的领域内，涌现出的具备非凡使命感的人物在历史长河中产生的影响非同凡响。

当世界存在生命时，疾病便紧随其后。不过，在人类发展的漫长光阴里，有相当长的时间对疾病都处于无知的状态。人们试图借助神灵，借助火，借助血等，来驱赶身上的疾病。后来，人们发现了有关疾病的某些蛛丝马迹。于是，那些具有勇气和智慧的少部分人开始钻研，慢慢地，药物治疗开始登上历史舞台。

就整个人类历史而言，医学的出现具有划时代的意义。而从东西方两条线看，医学史上不乏一些影响力巨大的人物。在人类抗击疾病的征程上，一代代医者接过象征着悬壶济世的火炬，为人类的健康作出了彪炳千古的贡献。

奋进的印迹

在中国古代医学历史上，张仲景便是具备这样影响力的人物。这位出生于东汉末年的著名医者，幼年时的经历多与疾病相关。张仲景在其著作《伤寒杂病论》自序中曾有言："建安纪年以来，犹未十稔，其死亡者，三分有二，伤寒十居其七。"而除了百姓深受疾病困扰外，张仲景家族中的人多半死于疾病。

正是在这样的多灾多难的背景下，张仲景立志发奋学医，解救百姓于疾病之中。他孜孜不倦、博采众方，几经艰难最终著成《伤寒杂病论》。更为重要的是，他在研究医理过程中，打破了前人如《素问热论》中六经只辨别伤寒的局限性，并以更加科学全面的方法诊治病人。

《伤寒杂病论》是中医史上的第一部理、法、方、药具备的经典医书。一方面，这本著作在后世享有盛誉，不管是晋代王叔和、唐朝孙思邈，还是金元四大家，清朝叶天士，多是在研究张仲景著作后，才成其医者之名。另一方面，《伤寒杂病论》还传至他国，如朝鲜、日本等，对当地的医学发展具有深远影响。

历史是奋斗者的坐标系。当中国医学发展至唐代时，登上历史舞台的医者孙思邈又将在中国乃至世界历史的长河中留下自己的印记。

孙思邈家境贫困，且从小体虚，后为治病倾尽钱财。在其成长环境中，他还常常看见身边百姓因生活贫苦，无钱治病死去。十八岁时，孙思邈立志学医，誓要护卫百姓生命健康。在孙思邈看来，"人命至重，有贵千金。一方济之，德逾于此。"[1]

在勤学不辍、刻苦钻研后，孙思邈终成一代医者。其著作《备急千金要方》成为中国古代医学经典著作之一，其书目中的分类方法已与现代临床医学接近。值得一提的是，孙思邈一生行医，对儿童与妇女疾病非常重视，因为他认为对妇女儿童的诊治是与人类繁衍相关的大事。

孙思邈还将医德规范放在了重要位置，为后世行医风范的形成奠定了基础。尤其是医生对待病人当一视同仁，一切以解除病人痛苦为重心的要求，与现代医学的治病救人理念一致。这样一位人物，无论是高超的医术，还是先进的行医理念，都对当时的历史产生了深远的影响。

孙思邈所展现的医家使命感成为超越时空的存在，影响了一代又一代医者。当历史的车轮来到明朝，一位名叫李时珍的医者开始了他的医学事业。李时珍出生于一个医学世家，其父李闻言医术高超，在家乡一带颇有名气。当时李家人自然不会知道，后来李时珍会如何在医学领域举世闻名。

不过，明朝时医学算是杂学，四书五经才是"正经路"。加之李父叮嘱他往后千万不可行医，因此，李时珍年少时期并没有学医。但二十岁时，李时珍患上疑难杂症，历经艰辛才保住了性命。经此事后，他意识到医学的重要性，便让父亲教自己行医。此后，他不仅通过行医积累治病救人的经

---

[1] （唐）孙思邈著，李景荣等校释. 备急千金要方校释[M]. 北京：人民卫生出版社，2014.

奋进的印迹

验,且因不计成本地免费为穷人治病,名声极好。

后来,李时珍入宫当太医,但心中的医学理想让他时刻惦记着普通百姓。即便宫中钱财不缺,但这位怀有崇高志向的医者仍旧决定离开。嘉靖三十一年(1552),李时珍在行医过程中见许多人因不了解药物性质白白丢了性命,便下定决心写一部医书。这就是后来举世闻名的《本草纲目》的由来。

医者极具命感,李时珍自然也是如此。他走访山河,将草木药效、特点记录在册。其过程之艰苦,非常人能忍受。他的足迹遍及全国十三省,居无定所、幕天席地、风餐露宿更是他日常生活的真实写照。这一位孤独的行者,在悬崖峭壁上攀爬,在急湍猛浪间跋涉,甚至几次因尝药草险些丧命,但他没有停止前进的脚步。

事实证明,我们永远无法低估人类信仰所产生的强大力量。它将超越世俗的普遍价值标准,升华为一种具有普世意义的价值观。正如这位心怀苍生的医者,放弃高官厚禄,踽踽独行于天地间,始终以百姓幸福健康作为一生的追求。

二十六载四季轮回,李时珍在走遍全国各地,亲尝百草,遍查医书后,终于完成了中国医学史上的伟大著作——《本草纲目》。这本书印发后,在日本、朝鲜以及东南亚等地广泛传播,后来传入欧洲等地,被翻译成几十种文字,在世界范围内产生了重要影响。李时珍也因此成为举世闻名的科学家。

遗憾的是,李时珍还未看到自己付诸心血的作品出版,便已经去世。但是,他的著作将无限延长他的生命,他跨越时空的精神力量将历久弥新,影响全世界的人。

在西方的医学发展历程中，同样不乏具有开创性意义且极具使命感的医者，如安德雷亚斯·维萨里就是其中之一。这位16世纪的医者有着高明的医术，曾服务于罗马皇帝。在他的一生中，最伟大的成就在于纠正了古代错误的解剖理念，并重新清楚地阐释了人体解剖概念。他所出版的《人体构造》一书，是全世界最早有关人体解剖的书籍，对后世解剖学产生了重要影响。他的开创性成果，无疑在人类医学历史写下了浓墨重彩的一笔。

另一位极具代表性的医者是被誉为"现代医学之父"的加拿大医学家威廉·奥斯勒。他是20世纪医学领域的大师，强调医学的人文与教养，开创了现代医学新观念与新里程。

不过，年轻时的威廉·奥斯勒与现今社会的多数年轻人一样，也曾对未来感到迷茫无措。当人处于茫然的状态时，由于不清楚接下来应该朝着哪一方向前行，自然就会感到心浮气躁。幸运的是，威廉·奥斯勒偶然间看到了哲学家汤玛士·卡莱里的一句话："首要之务，不是着眼于既不可追又不可及的过去与未来，而是做好摆在手边的事情。"[①]这句话改变了他的一生，而所谓奋斗，正应如此。

威廉·奥斯勒秉持全心全意过好当下、做好手边事的理念，潜心钻研，一心学习。1874年，他回到加拿大，到麦吉尔医学院工作。在此十年间，他以极高的热情投入工作，解剖超

---

① ［美］威廉·奥斯勒. 生活之道[M]. 邓伯宸译. 桂林：广西师范大学出版社，2007.

过1000具尸体。后来，他从事临床医学教育，以大胆先进的教学风格著称。在医学史上，他所创造的最引人瞩目的成就便是住院医师制度和床边教学制度。

西方医学史上的卓越人物极多，现代医学中的许多基础都由他们奠定。但无论是东方还是西方，往来不断的优秀医者都在为人类的幸福生活贡献力量。

在这个过程中，使命感是支撑个体成长发展的重要依托。在人类发展的历程中，这一阶段的群体拥有超强的个体意识。正是如此，他们所有的行为发生都基于自身的信仰。最纯粹质朴的原动力，推动着他们前行，从而更为广泛地促进了整个人类社会的发展与进步。

第四节　仰望星空探索未知版图

什么是探索欲？

是面对广阔海洋时，试图乘船征服它的欲望；是望着浩瀚星空时，想要窥探"天机"的渴望。未知让人恐惧，也让人着迷，而探索便是抵达未知的桥梁。总体而言，人类对未知的好奇与探索，是促使社会前行的动力。因此，我们说探索欲是古往今来奋斗者身上显著的品质。

星河浩瀚，宇宙无垠。人类抬头仰望星空时，总会好奇天上的星空如何运行，其运行法则又是否会对人类生活有所启示。

那些巧思而充满勇气的人，对着星图冥思苦想，从而打开了人类对宇宙更为广阔的认知。世界何其广阔，人类身处其中又何其渺小。在探索星空奥秘的人群中，涌现出一批进击的探索者，他们改变了人类对世界的认知。

在东方天文历史上，东汉张衡的影响力极大。张衡年少聪慧，且读书勤奋，常不分昼夜。他读书，更多偏向于实用之学。比如，张衡喜欢诗。读《诗经》时，他更关心农业生产、商业贸易等方面的事宜。此外他还极爱远望、观测天地。如人类最初仰望星空时的好奇与惊异一样，张衡望着这片星空也有许多不解。

他苦心钻研学术，虽才高于世，却从无骄矜之风。当时的大将军邓骘多次邀他担任幕僚，但都被他拒绝。然而，因为倾心于一片苍穹，张衡在后来面对汉安帝安排的太史令一职时，不忍推拒。主管国家天文历法，对这个从小热爱星星的人来说，诱惑实在太大。张衡在这里可以精心研读大量资料，进行大量实践。不知耗费多少时间后，张衡改进西汉耿寿昌的设计，最终制造了一台更加全面且准确的浑天仪来观测天文。这一仪器以滴水为原动力，通过齿轮转动使得自身缓慢旋转。类似的可以自动旋转的浑天仪，在西方出现的时间为15世纪。

在张衡的人生历程中，闪光之处实在过多。我们所说的天文，不过是他光鲜履历中的一个小小光点。然而，这一小小光点却惊艳了世界，甚至对后世的天文学研究产生了深远影响。正是如此，"张衡"二字不仅永存于月亮背部的环形山，还在太阳系里留下了一抹光辉——联合国天文组织将太阳系中的1802号小行星命名为"张衡星"。

奋进的印迹

在人类认知世界的旅途中，天空宛若一片飘浮在世界之外的薄纱。如何能够逐步揭开这片薄纱的秘密，如何以斗转星移指导农事生产，是历代天文学家关注的重点。

13世纪初期，成吉思汗一统草原后，面临一个统治难题——历法不准。历法不准，无论是行军打仗还是百姓生活，都会陷入混乱。基于此，一位名叫郭守敬的天文学家走上了历史舞台。

正如今天中国横跨5个时区，同一时间点，各地日出日落状况有所差异。元朝幅员更是辽阔，历法要适应广袤疆土，就需要在各地设立监测机构。郭守敬建议元世祖忽必烈以"四海测验"，重新制定历法。忽必烈深以为然，便支持郭守敬在全国27个地方设立监测点——"东至高丽，西极滇池，南逾朱崖，北尽铁勒"，并派出14个天文学家进行天文观测。

一向谨言慎行的郭守敬，在天文方面却是个极有野心的人。秉持完成一本前无古人的优秀历法的决心，郭守敬跑过塞北、走过江南。他修正测量仪器，记录星图特征，解密时间隐藏的语言，为农事生产等做出诸多贡献。

在此过程中，最值得一提的便是他完成了新历的制定。编修历法并不容易，经过四海测验后，郭守敬等天文学家决定大胆摒弃上元积年法，而采用一种极具变革性的方式——实测历元法。至元十七年（1280），《授时历》告成。但历法颁布，并非意味着可以高枕无忧，还需几十年时间验证其中的推演方法，不断测验、修正与完善。天文监测是一场持久战，如郭守敬一样的天文人必须持续坚持监测，才能减少历法误差，真正做到有利于百姓生产生活。

当中国的天文发展到清朝时期，一位名叫王贞仪的女天文学家亦登上历史舞台。王贞仪是个不可多得的才女，且颇有胆识。并且，她自小对天文有着浓厚的兴趣。不仅广泛阅读中外天文书籍，还坚持常年观测天象，计算星辰。更加难能可贵的是，在当时的环境下，王贞仪积极宣传哥白尼的"日心说"。

为了弄清太阳、地球和月亮之间的关系，极具科研精神的王贞仪自己动手做仪器。在反复试验与观察中，她弄清楚了这三者之间的位置及相互关系，并写有《月食解》一文。在中国古代历史上少有女性科学家，但王贞仪留下了自己的印记。2004年，国际天文学联合会还以她的名字命名了金星上的一个陨石坑。

从古至今，探索星空的人绵延不绝。人类每一次仰望星空时发出的疑问，都有一代又一代的天文学家解答。更重要的是，天文与实际生产生活相结合，对人类社会运转产生了指导意义。

在西方天文历史上，优秀的天文学家同样数不胜数。正如王贞仪所宣扬的"日心说"，其提出者哥白尼就改变了人类对自然以及自我的看法。哥白尼所处的时代，已有哥伦布环球航行，证明了地球是圆的这一说法。但当时，世人普遍接受的天文体系观点是托勒密体系，即地球是宇宙的中心。对教会而言，宣扬这一观点有利于维护自身地位。实际上，哥白尼本人也是一个虔诚的天主教徒，不过他仍旧坚持用自己的观察否定天主教会的错误说法。

奋进的印迹

在此过程中，哥白尼发现地球如其他五大行星一样，都在围绕太阳这个中心运转，而地球自身又以地轴为中心自转。1514年，哥白尼将自己的猜想写成文章，送给亲朋好友观看。了解这一猜想的部分人，如教宗克莱孟七世和一些主教都对其深感兴趣，并希望哥白尼可以将作品出版。但是因为担心受到影响，哥白尼当时并未出版自己的作品。

直到哥白尼生命的最后几年，《天体运行论》才终于得以出版。这一作品的问世，不仅在天文学界引起轰动，更在世界范围内引起了轰动。它直接动摇了中世纪欧洲宗教神学的理论基础，不仅改变了人们对浩瀚宇宙的认识，还引发了科学革命。在此基础上，人类探寻天空的征程又往前跨了一大步。

探索未知领域的决心，有时宛若一把火焰，照亮了前行的道路。人类漫长的历史岁月中，"探索"二字一次又一次推动了社会发展进程，最终造就了人类社会今天所拥有的文明。

第五节　脚踏实地丈量山水之间

每一次社会变化，每一次历史变迁，奋斗者精神都奠定了重要基础。可以说，时代发展的动力引擎就是奋斗者精神。奋斗包含诸多含义，它是一步一个脚印，坚定前行的品质；是脚踏实地，一往无前的精神。在那些试图改变世界的人身上，求实就是他们奋斗的代名词与行动的指南针。

历史上存在这样一群人，他们行于天地间，攀于山水间，以脚步丈量世界，打开我们对山河的认知。实际上，早在原始社会时期，中华民族的祖先为了生存，就对地形和岩石等地理要素有了初步把握。先秦时期流传下来的《禹贡》，记录有山川、地形、土壤、物产等较为翔实的情况。《禹贡》整理的内容可以追溯到夏商时期，其中许多内容都是辈辈相传的知识。到北魏时期，地理著作仍然沿用这种偏虚构的方式，很多描述来自转述，而非第一手资料。

自郦道元的《水经注》横空出世后，这种落后的虚构地理之风开始得到扭转。郦道元从小就喜好探索地理，在被罢官期间亲赴长城以南、秦岭以东等地区考察，为以水文为纲的《水经》作疏注。说是为《水经》作注，其实已经算是另起笔写一部地理著作。《水经》原本只记录了一百多条河流，总计一万字，其中许多问题语焉不详。郦道元通过考察、梳理，补充记载了一千多条大小河流的相关人物故事、神话传说、历史遗迹等，最终成就了中国古代最全面、最系统的综合性地理著作。

郦道元是中国古代地理发展的重要推动者，其实地考察之风对后世影响颇深。和郦道元相同，明朝末年的徐弘祖也是一个著名的地理考察家。徐弘祖自22岁时离家，一直到48岁离世前一年，都是在旅途中度过。他以脚为丈量，百折不挠，风餐露宿，走遍了中国的大江南北。

正是在望险而趋、觅奥而逐精神的驱动下，徐弘祖跋山涉水，在南北地貌、岩石、水文、植物等多方面的勘察上取得了超过前人的成就。尤其是去世前四年，徐弘祖在云南考察喀斯特地貌，对洞穴做出了精确的记载，领先了西方三百年。在

奋进的印迹

三十余年的考察生涯中，徐弘祖克服千难万险，且走且记，为后世留下了珍贵的科学著作《徐霞客游记》。值得一提的是，他开创了实地考察自然、系统描述自然的全新方法。其勇往直前的实践精神，闪耀出熠熠光华。

中国古代地理自成一脉，极具中华民族特色。而在西方，地理也是最早引起探究的学科之一。但是要说西方最灿烂的地理文化，恐怕还要数地理大发现。

在历史进程和时代催化中，15世纪的欧洲涌现出一批英勇的探险家。他们克服千难万险，打开了大航海时期的大门。

1492年，当哥伦布率领87名水手，驾三艘帆船驶离西班牙港口时，他没有想到，大西洋彼岸有一个全新的大陆等着他发现。他率船出发的初衷仅是因为当时通往东方的陆上交通被阿拉伯人控制，冒险家们只能取道大西洋去实现他们的"黄金梦"。在他们之前没有船队横渡过大西洋，也没有人知道前方是什么。

人类是典型的陆居动物，海上的生活颠簸万分、艰苦异常。漂洋过海，需要敢拼敢闯的精神，需要勇立潮头的意志。到今天，哥伦布发现新大陆已经是一段家喻户晓的历史，但是这段历史背后，又藏着多少不为人知的艰辛？

哥伦布带领水手背井离乡，在茫茫大西洋上漂荡了六十多天后，终于看到一根芦苇从水上漂来。这一根芦苇为他们带来了希望，凭借着前方有陆地的信念，他们终于登临了一块全新的大陆。作为后人的我们，或许永远无从知晓他们那一刻的心情。但可以肯定的是，如果没有毅力支撑，船员们根本撑不到看到希望的时刻。

凭借敢想敢干的务实精神，哥伦布踏上了新大陆，发现了人类版图中极为重要的一块拼图：美洲。

但是哥伦布并不知道自己踏上的是一块新大陆。他曾往来西班牙和美洲四次，至死都以为自己到了马可波罗笔下的东方。虽然这个"东方"没有香料和黄金，但哥伦布却发现了番薯、玉米等农作物和珍稀物种。哥伦布将其引进欧洲，并随着后来的航道开辟传到全世界，帮助全球养活了更多的人口。

如果说哥伦布发现新大陆，开启了地理大发现的大门，让世界各大洲开始连成一个整体。那么麦哲伦率领船队完成人类第一次环球航行，则是证明地球是球形的直接证据。

麦哲伦是葡萄牙人，但其环球航行的主张并没有得到葡萄牙王室的支持。在葡萄牙王室看来，这是一个太过疯狂的计划。他们这一去，一是不知道什么能回来，二是不知道能不能回来。这几乎是接近于亏本的买卖。但是皇天不负有心人，麦哲伦的这种疯狂，最终吸引了西班牙王室。在得到人力、物力的支持后，麦哲伦带领五只帆船和265名船员踏上了向西出发的征程。

航海的过程磨难重重。行至南美洲南端的破碎海峡时，船队如入绝境。凭借着坚忍的意志，麦哲伦指挥着船员们与风浪做斗争，经过28天拼搏，最终带领三只帆船穿过了海峡，进入了宽广的太平洋。经过漫长的海上苦旅，船队横渡太平洋，登陆菲律宾群岛。麦哲伦本想征服土著，将群岛收入西班牙囊中，却被土著一箭射杀，客死他乡。其他船员则带领船队继续航行，回到西班牙时，离出发已经过去三年，出发时的265人只剩下18人，五只帆船，最终只剩下一只。

尽管损失惨重，但第一次环球航行对于全人类来说意义重大。细说细论，那些有勇气出海航行的都不是普通人。只有不惧死亡、敢闯敢拼的冒险家，才能完成这一伟大的创举，推动人类历史向前发展。

第六节　专注深耕开创未来时代

在那些开创了历史的奋斗者身上，专注是一种极其重要的品质。我们将以物理学领域为例，分析那些提出开创性理论的人身上，如何极致地体现了这一品质。

物理是开启自然科学的钥匙。人类几次重要的物理学革命，都打开了新世界的大门，让我们认识和驾驭新的能量，开启人类文明的新纪元。提起近现代物理，牛顿和爱因斯坦两个名字如雷贯耳。前者是近代物理学的奠基人，后者被誉为20世纪最伟大的物理学家。他们都是科研路上的跋涉者，所以才能成为真理的宠儿。

牛顿被苹果砸中的故事早已深入人心，但是一个伟大理论的诞生，并非片刻的灵光闪现。一切灵感背后，都是千万次的实验和无数枯燥公式的累积，这与文学家要先有其深厚底蕴，才能抓住稍纵即逝的灵感是一个道理。

牛顿是赫赫有名的"工作狂"。他的大多数时间都在实验室中度过，做不完实验，就不会客、不访友，甚至不吃不喝、不眠不休。因为缺乏充足的睡眠,牛顿才30岁就已经有了白发。

世界上没有唾手可得的卓越成就。牛顿能够成为物理史上划时代的人物,与其说是靠天赋,不如说是靠专注和努力。正是凭借专注的科研精神,牛顿才在物理学史上留下了光辉一页。

正所谓静水流深,牛顿在取得伟大发现时,从不急于将其发表以求名利,而是反复验证和计算,在确认无误后才将其公之于众。如他的旷世巨著——《自然哲学的数学原理》,也是经过三年时间的验证后才得以在1687年7月发表。

提及《自然哲学的数学原理》,或许很多人会感到陌生,但是如果谈到运动三大定律和万有引力定律,人们就能发现其中潜藏的巨大能量。与农业革命时为我们构建知识遗产的祖先一样,牛顿以相同的精神探索未知世界,并为后世留下了具有奠基意义的宝贵理论。

在牛顿逝世后大约两个世纪,大多数物理学家的研究都建立在牛顿的理论之上。直到20世纪初爱因斯坦登上历史舞台,物理学的新纪元才由此开启。

19世纪,物理学家普遍持一种观点:经典力学是一切物理学的基础。这种近乎教条式的信念,让物理学的发展渐渐变得固化。爱因斯坦从小就"离经叛道",有很强的自学能力。上大学期间,他只对自己感兴趣的实验下苦功夫,对于教授们的权威知识只敬不用。他专注于对时间和空间的研究,打破了经典力学对于物理发展的桎梏,先后提出并丰满了狭义相

奋进的印迹

对论及广义相对论。

爱因斯坦对真理的执着追求，推动了物理学的进步。在1946年的自述中，爱因斯坦表示，希望他的人生经验能帮助奋斗中的人们。因为寻求真理的代价注定是高昂的，与那些"坐享其成"的人相比，提出创造性的见解通常需要孤军奋战。这需要强大的个人意志作为支撑。

物理学史上不乏举足轻重的推进者，如霍金就是这样一个传奇人物。提起霍金，我们能想到"时间简史""黑洞""虫洞"等词语，而在这些词语背后，我们能够看到一个专注而坚韧的灵魂。

霍金是幸运的，因为他拥有超群的资质。但他也是不幸的，在二十多岁时就患上了肌萎缩侧索硬化症，后来又被"禁锢"在轮椅上四十多年。他虽然寸步难行，但思想却能在广阔无垠的宇宙中遨游，为后世留下宝贵的思想财富。

可以说，霍金的伟大就在于他那坚强、专注的精神，也正因如此，他的生命才能熠熠生辉。

我们不难发现，那些试图改变世界的人身上的品质，每一个普通人都能够拥有。所谓执着、突破、使命感，抑或是探索欲、求实与专注，都是人类社会中再平凡不过的词汇。唯一的区别是，他们将这样的品质发挥到了极致。那些开创历史的关键时刻中，他们的精神力量发挥了举足轻重的作用，而奋斗者凭借这些美好的品质，推动着人类文明不断加速驶向未来。

第二篇　历史选择了奋斗者

第四章　世界文明奋斗史

人类迄今已走过数百万年的历程，但文明的出现不过6000年，倘若将其放在整个人类的时间轴上，不过是芝麻大小的一个点。但是这芝麻大小的一点，也实在是得来不易。因为文明的出现，意味着人类终于结束了蛮荒时代，进入到发展的较高阶段。

学术界对于"文明"的界定，通常有三个标准：成熟的文字系统、人口密集的城市以及青铜冶炼技术。[1]众所周知，人类历史上有四大文明古国，分别是古埃及、古印度、古巴比伦和古中国。在其他地区还未开化时，四大文明古国的先民，依靠着勤劳的双手与坚忍的意志，在这三个方面达成了相当的成就，率先跨入了文明的门槛，创造出灿烂的四大原生文明。翻看世界文明的篇章，我们会发现一个个由勇气和智慧组成的伟大故事。

第一节　两河流域上的文明之光

今天我们提起两河流域，都知道"两河"特指幼发拉底

---

[1] 河森堡. 进击的智人[M]. 北京：中信出版社，2019.

奋进的印迹

河和底格里斯河。世界上两条河交汇的地区不少，为什么偏偏这两条河就能有这么强的指代性？这是因为在幼发拉底河和底格里斯河流域，发现了公元前3500年的痕迹，这也是人类文明最早的火种：苏美尔文化。这一丰功伟绩，饮誉世界，足以用专有名词来指代。

灿烂的苏美尔文化出自两河流域先民们的双手，大约在5500年前就形成了相对完备的体系，并产生了楔形文字和城邦文明。在其他地区还属于混沌蒙昧的状态时，两河流域就已经有了发达的文明，不得不说，勇气和智慧在其中起到了决定性作用。

试想，如果没有先民们勇于开拓和富于创造的精神，当时的两河流域，可能就和世界上许多其他河流一样，荒芜寂静。但正因为两河流域的先民们没有放过历史的机遇，靠着勤劳的双手和坚强的意志，才在两河流域开创了人类历史上最早的原生文明。

所谓原生文明，是指没有在其他文明的帮助和影响下独立起源的文明。原生文明是人类文明大厦最初的骨架，可以说，人类历史中的无数文化丰碑和伟业，都可以向上追溯到原生文明的起源地。

从这个角度来看，苏美尔文化的意义是历史性、决定性的，甚至被称为人类社会跨入文明的开端。而古巴比伦文明，可以看作是苏美尔文化的完美继承者。

公元前1900年，苏美尔人的乌尔第三王朝被阿摩利人吞并。登上历史舞台后的阿摩利人建立了古巴比伦王朝。虽然其中存在政权更迭，但是，古巴比伦王朝并没有掐灭苏美尔文化，反而使苏美尔人的奋斗成果得到进一步发展。甚至可以说，古巴比伦文明最重要的基因就是苏美尔文化。

著名的《汉谟拉比法典》是古巴比伦王朝的艺术珍宝，是苏美尔楔形文字的集大成者。《汉谟拉比法典》的原文被刻在黑色玄武岩石柱上，规整的楔形文字简洁干净，极具抽象意味，这说明古巴比伦文明已经达到了极高的水平。任何伟大的文明成果，都不是凭空产生的，高度抽象的楔形文字背后，凝聚着古巴比伦人在交流实践中的创新勇气和变革精神。

除此之外，《汉谟拉比法典》还具有重要的历史意义，它是人类史上第一部较为完整的法典，对刑事、民事等制度都做了详细的规定。这几乎是近现代法律体系的基础。相隔数千年，历史的光辉仍然能够照进我们的现实，足以说明古巴比伦人的开创精神永垂不朽。

即便站在现代文明的角度来看，立法也不是简单的事情，而古巴比伦人能完成这样一个伟大的法律成就，肯定经过了重重的磨砺和困难。实际上，《汉谟拉比法典》并非一蹴而就，而是在吸收前人的经验和基础之上才得以诞生。立法是两河流域早已有之的传统，古巴比伦第一王朝第六代国王汉谟拉比是集前人之大成，才成就了这部划时代的社会公器。

除了立法的伟大成就，古巴比伦的先民们还在建筑、教育、农业等方面开创了许多成果。空中花园作为世界七大奇迹之一，就是古巴比伦文明的代表和象征。这座奇迹般的建筑，好像悬在半空中的花园城市，既有想象力和艺术性，也有

奋进的印迹

科学性和严谨性,是古巴比伦人群体奋斗的结晶。

如果说,想象力和创造力为这座有"悬苑"美称的空中花园规划好了蓝图,那么勤劳和汗水则是让它成为现实的关键。空中花园有无数精妙的运转系统,比如灌溉设施、地基保护措施等。这些在数千年后仍然令人感到惊艳的设计,无一不是古巴比伦人在漫长探索后的曼妙回音。

毋庸置疑,古巴比伦文明是人类历史上最辉煌的文明之一。但遗憾的是,时至今日,由汗水构筑的空中花园早已被历史的黄沙淹没,也无人再来书写苏美尔人创造的楔形文字。

这是因为,战火从未真正消失在两河流域这片富饶的土地上。无论是两河文明内部的交锋,还是外来文明的强势入侵,大大小小的战争让古巴比伦的文明火焰飘摇不定。最终在公元前539年,波斯人入侵古巴比伦城,古巴比伦的文明之火就此熄灭,只在历史上留下一片令人遗憾的灰烬。

第二节 尼罗河流域两岸的明珠

河流总是孕育文明。人类集聚于河畔,建房搭屋,生活生产。久而久之,文明诞生。

古埃及是人类文明最早的发祥地之一。大约9000年以前,古埃及的先民来到尼罗河岸边一条狭长的肥沃地带定居,在与恶劣的自然环境做斗争的过程中逐渐产生了首领、城邦以及军队。在时光的雕琢中,充满勇气的尼罗河征服者靠着自己的聪明才智，慢慢创造出了极为灿烂的古埃及文明。

文字是文明的重要标志。大约在距今5500到5000年前，古埃及人就发明了一种由限定符号、表意符号和表音符号组合而成的完整的文字系统——象形文字。象形文字由图画发展而来，奠定了整个古埃及文明发展的基础。

或许，古埃及的先民们并不知道自己正在开创一个伟大的时代，他们只是在交流日渐繁杂的情况下，不得不简化图画，才写出第一个象形文字。但是这一历史性的创新之举，最终在一代代人的传承中，慢慢衍生出复杂的诗歌、散文、自传等成熟的文学体系。在一穷二白的蛮荒之中，能培育出如此丰富的文明着实不易。伟大的文明不是一天创造的，没有一代代人的奋斗和积累，这些创造性的成果根本不可能诞生。

人口密集的城市和青铜冶炼技术在古埃及出现的时间很早。尼罗河流域分为上尼罗河和下尼罗河，早在大约7500年前，下尼罗河流域的法尤姆地区就出现了早期城市，并开始使用铜器，这为古埃及文明的形成奠定了基础。

据历史学家判断，大约在公元前3100年，整个下尼罗河谷统一，统治者成立了第一个埃及王朝，其管辖的领土面积有数千平方公里，人民达数十万[1]。数十万的人口数量，或许在今天看来并不多，甚至还赶不上一个小县城的人口。但是在自然条件艰苦的5000年前，这个数量相当巨大。要知道，当时世

---

[1] ［以］尤瓦尔·赫拉利. 人类简史[M]. 林俊宏译. 北京：中信出版社，2017.

界的总人口数量只有5000万[1]，而小小的尼罗河下游就集中了数十万人口。

这数十万古埃及人率先在尼罗河下游建起一个原生文明体系，为后来的古罗马派生文明，甚至是西方文明树立起范本。古埃及文明在各个方面都创造了许多辉煌，如领先世界的天文学、外科医学、数学等。其中，被誉为"世界七大奇迹之一"的金字塔尤其值得一提，它凝聚了古埃及人的智慧，似乎更能直接体现古埃及人顽强拼搏的精神。

埃及金字塔结构精巧、气势恢宏，即便现代能够建起如此建筑物都会令人惊叹，更何况它是四五千年前人类的杰作。直至今日，那些有关金字塔的未解之谜依然有强大的吸引力，使无数探险家和科研工作者前赴后继。

金字塔是法老的陵墓，因此最早的金字塔建立在法老政权诞生后，也就是大约建于公元前第三个千年的中期。古埃及金字塔大概有七八十座，大大小小，高矮不一。这些庞大建筑群的出现，表明人类的协作变得更庞大而复杂。

胡夫金字塔高146.5米，是目前所知的古埃及最大的一座金字塔。它由约239万块巨石组成，石块之间仅靠相互叠压和咬合垒成，没有任何黏着物，却屹立五千余年而不倒。

金字塔的石块到底是怎么开采的？古埃及人又是怎么将这些石块堆砌成金字塔的？即便是现代科技已经如此发达的今

---

[1] ［美］大卫·克里斯蒂安. 时间地图[M]. 晏可佳、段炼、芳云芳、姚蓓琴译. 北京：中信出版社，2017.

天，建筑大师也很难想象金字塔建造过程中的波折。然而，几千年前的古埃及人却仅靠人力就完成了这样的建筑奇迹。在那样一段波澜壮阔的历史中，我们不得不感叹，每一座庞大的金字塔背后都蕴含着无数群体的努力与智慧。即便过去千年，如今看来，我们仍旧难以想象古埃及先民的智慧到底如何强大，人类的奋斗者精神到底如何强大。

虽然古埃及文明离我们很远，看起来非常神秘，但是在我们现在的生活中也能找到它的影子。我们所用的四条腿的桌椅，每年十二个月的历法等，都是从古埃及流传下来的智慧结晶。这些创造和发明具有超强的时空穿透力，可以说是古埃及奋斗者的遗音。

古埃及文明灿烂辉煌，在建筑、天文、水利、文化、农业等诸多方面都代表着当时世界的先进水平。但是在绵延了近五千年后，这一文明依旧没能经受住时间的磨砺，消失在了历史滚滚的烟尘之中。

第三节　古印度文明的灿烂辉煌

和古埃及以及古巴比伦的先民们一样，古印度的先民们也在坚定意志的推动下，创造出了一种独具特色的农耕文明。这种农耕文明与众不同，并且一度十分辉煌。

从今天的考古资料来看，古印度并没有像古埃及和古巴比伦那样，形成一个统一强大的王国，而更多是一种联系紧密的城市文明。但这并不意味着古印度文明就比世界其他早期文

奋进的印迹

明逊色。相反，古印度文明达到了相当高的水平。

古印度文明产生于公元前第三个千年，紧紧依靠着印度河流域而蓬勃生长。古印度文明的国家，并不是真正统一的国家，而主要由一个或几个城市为中心结合周围的村社形成。甘瓦里瓦拉、摩亨佐·达罗和哈拉巴是其中的三大代表性城市。三大城市都有自己的经济优势，也有不同的文化特点，但在彼此的密切交流中，也形成了一定的统一。比如建筑风格、哈拉巴早期铭文、佛教文化和较为统一的度量衡等。

印度河流域的度量衡制度很耐人寻味。三大城市的计量都使用青铜尺或介壳尺，且均为十进位制。在单位长度上，青铜尺为0.9厘米，介壳尺为0.6厘米。至于称重则都使用单位重量为0.875克的砝码。在还没有形成统一国家的条件下，度量衡能统一得如此精确，这一个小小的侧面充分表明了，古印度的先民们在社会生产力发展水平方面已达到了一定高度。

除较为统一的度量衡外，古印度文明还有一项突出的表现，即发明了"0"到"9"的10个数字符号。没错，这10个数字符号就是我们每个人都很熟悉的阿拉伯数字。阿拉伯数字本来是古印度人的原创，但是，阿拉伯人在入侵古印度流域后发现了这一套有用的计数系统，在对其加以改良后传到中东和欧洲，由此才被称为"阿拉伯数字"。

古印度人在数学方面有着天才的创造，这与当时繁荣的商贸有着非常紧密的关系。当时，古印度人已经开拓出波兰山口、俾路支斯坦南部平原和通往阿拉伯海的港口，这是与西方两河流域交流的三条重要通道。古印度河流域和两河流域大约相距三千公里，在交通不便的古代，这一距离相当遥远。但是古印度的先民们仍然依靠着顽强的精神，与两河流域等地保持较密切的贸易往来，促进了经济的繁荣发展。

古印度商贸的繁华，得益于城市发达的手工业。古印度人的手工产品有固定的产地，手工业分工也比较详细。今天已经干涸的加格尔河两岸，还分布着许多手工业作坊的遗址。科研人员对这些遗址进行了发掘、研究以后，发现这些作坊职能明确，有的负责陶器、砖块的烧制，有的专给陶器上釉，有的冶制铜制品……

哈拉巴文化遗址出土的石像、陶像、青铜像等珍贵器物，就是古印度人民高超的工艺水平的具体表现。其中一件3000年前的陶制手镯，精细程度甚至能够与瓷器媲美。又如摩亨佐·达罗出土的青铜舞女铸像，神态安详自若，勾勒手法自然细腻，也是凝聚着手工匠人心血的结晶。

古印度发达的商业和手工业，建立在物质条件非常丰富的基础之上。印度河流域的农产品供给比较充裕，人们的膳食也比较均衡。考古学家研究了从哈拉巴文化遗址出土的大量人体骨骼后，惊奇地发现，这些骸骨上未见牙齿因日常食物不同而遗留下不同程度的磨损和腐蚀状况，也几乎没有看见营养不良的痕迹。这说明在古印度河流域，居民在食物方面的差距并未过大，这是十分难得的。

在三四千年前，古印度文明能达到一个如此之高的社会发展水平，绝对不可能是因为老天爷赏饭吃。在农耕文明时期，每粒粮食都靠辛勤劳动换来。没有埋头苦干的奋斗精神，别说吃好，就连吃饱可能都成问题。

虽然古印度文明在农业、商业、手工业等方面基础良好，也有显著优势，但是在军事政治方面就略逊其他古文明一筹。印度河流域城市的军事力量并不强大，考古学家发现摩亨佐·达罗出土的长矛单薄，矛头易弯，箭头也很小，并没有保卫璀璨文明的杀伤力。也许正是因为如此，才给后来雅利安人的入侵留下了可乘之机。

古印度文明是四大古文明中一个辉煌篇章，但同时存在的时间也较为短暂。从大约公元前2500年兴起，到大约公元前1750年因雅利安人的暴力入侵终结为止，古印度文明延续了不到一千年时间。

最为遗憾的是，在古印度文明重要标志之一的哈巴拉铭文被发现时，印度已经没有人能够读懂它。古印度文明在艰难的环境中产生，也确实是在艰难的环境里中断了。

第四节　黄河流域中的千年古国

当我们走进中国国家博物馆，穿过《古代中国》的重重展柜，停在国宝级文物青铜利簋前时，可以从其斑驳的痕迹中回溯上古先民艰辛的奋斗史。那是一个充满激情的时代。

从第一个迁徙到黄河流域的智人部落开始，中华大地的祖先就踏上了与恶劣的生存环境做斗争的历程。在这史诗般的历程中，祖先们依靠勤劳的双手和踏实的步伐，走过了石器时代向青铜时代的过渡，在一无所有的荒原上，建立了稳定强大的城市和国家。

从石器时代进入青铜时代并非一蹴而就，这中间隔着一段长长的过渡期。在这段过渡期里，我们聪明的祖先勇于突破，开始了纺织技术、制陶工艺等手工艺的探索。在江西万年仙人洞出土的陶器中，有一批距今约12000年历史的陶器，这是迄今发现的最早的可以复制的陶器。这表明至少在当时中华民族就开始逐渐向文明队伍靠拢。

至于文明的正式形成，显然需要更为漫长的时间积淀。据史书记载，大约在公元前3000年，黄帝在黄河流域建立部落联盟，形成了国家的雏形。上古祖先们不断开创新的技术和文化，逐渐缔造出具有强大生命力的伟大文明——古中国文明。

青铜冶炼技术是衡量文明程度的标准之一。我国的青铜制造历史十分悠久。早在大约4800年前，缔造了马家窑文化的先民们就铸造出迄今发现的最早的青铜器：青铜刀。中华民族历来就潜藏着能工巧匠的创造基因，以青铜刀所代表的青铜冶炼技术在世界范围内看都处于领先地位。在一代代积累后，青铜铸造技术愈加成熟。尤其是经历过夏、商、周三代发展后，庄严而厚重的青铜礼器也达到了极高的铸造水平。这一成就当然不是凭空得来的，而是中华民族的祖先们逐渐开创出来的。

青铜时代的礼乐重器是我们认识那个时代的桥梁，而其中一个重要的介质就是铭文。古中国最早的成熟文字是龟壳和兽骨上留下的甲骨文。在世界范围内，将文字写在龟壳和兽骨上都具有独创性。甲骨文发展到商周时开始被铭刻在青铜器上，渐渐演化成铭文。甲骨文和铭文的产生，为中华文明几千年不间断的传承打下了坚实的基础。

文字对于文明传承的重要性不言而喻。正是因为有文字作为载体，古中国的先民们在天文、历法和地理等领域取得的一系列成果才得以被记录、传播。中国悠久的文明从未像其他文明古国一样中断，亦和文字有着密切关系。

直到今天，我们仍能解读那些刻在兽骨、龟壳上的甲骨文，几千年文脉代代相传、绵延不断，这多么令人感到震撼。与在历史洪流冲刷下由盛转衰、由衰而亡的其他三个古老文明相比，我们古中国的文明绵延五千年从未断绝，显然具有更强的适应和生长能力。

据钱穆所讲，黄河流域支流比较发达，适宜先民迁居，保留文明的火种，而其他三大文明的发源地河流支系比较单一，文明一旦受到打击，可能就是致命的。这成为我们中华文明能够流传下来的一个外在原因。但最根本的内在原因，还是在于我们的文明具有强大的生命力和包容性。中华文明的精神以文字为脉，在历朝历代中华民族骨血之中一直传递着。

最为难得的是，几千年来中华文明也曾经历数次战乱，然而朝代更迭、外敌入侵都没有使她丧失活力，反而在逆境中更加坚韧，更为生机盎然。历史证明，无论时代如何变化，中华民族的脊梁和精神风貌始终不变，所以，能够始终保持向上生长、向下扎根的强大力量。

第五章　奋斗崛起的力量

为什么漫长的历史篇章中，总有一部分人能留下名字？为什么时代的浪潮中，总有一些国家是主角？为什么某一个群星闪耀的时刻出现，就会对后世几十年乃至几百年的历史进程造成影响？

因为历史选择了奋斗者。人类开创历史，而历史同样选择了这样一群具有奋斗者精神的人。一个国家的崛起，或者一种文明的流传，其背后都是一种精神力量的传递。这是作为个体的人，作为个体的国家，经历过跌宕起伏后所抽象出来的伟大精神。这种精神将超越一切局限，成为永远激励人类前进的存在，如《国际歌》，又如《马赛曲》，都将是永不绝响的音符。

第一节　扬帆起航开启新的篇章

伊恩·莫里斯在《西方将主宰多久：东方为什么会落后，西方为什么能崛起》中提出了一个观点：至今为止的人类历史，都是以东方文明和西方文明"相互赶超"为主线开展而来的。即世界历史的发展进程，不外乎东方领先或西方领先两种可能。东西双方的状态，类似DNA双螺旋结构，但总在某一个时期，会有一方更加领先。

奋进的印迹

这一"相互赶超"的过程，就是奋斗者精神发挥作用的过程。在时代的洪流中，这两条线几乎构筑了世界文明的历史。当然，如果我们单独看东西方中的一条线，这条线上的"相互赶超"同样非常激烈。

以15世纪为起点，西方世界版图进入了一个快速演变的时代。历史的河流迅速变得波澜壮阔，扬帆起航的船只逐步登场。带着这样的历史使命，第一届海上霸主葡萄牙与西班牙登上了历史舞台。正如我们在本书中反复强调的精神力量一样，最初成为海上霸主的葡萄牙与西班牙身上，依旧包含这一特性。

15世纪是一个关键的历史节点。正如历史学家们常常提及，自15世纪开始，人类才连接在一处，人类史才能真正称为世界史。这样说的原因在于，15世纪的人类地理发现史，掀开了人类有关世界全新认知的篇章。在这一时期内，哥伦布发现美洲，巴尔沃亚发现太平洋。美洲与亚洲终于有了连接的渠道，世界开始拼接成一个整体，而麦哲伦的环球航行让人类意识到，地球确乎是圆的。基于这样的背景，才有15世纪这样一个前所未有的时代。

最开始荣登世界舞台中心的，是伊比利亚半岛上的两个国家。在此之前，基于半岛的地理特征，海洋的蓝色是岛上人口最常见的色彩。而在很长一段时间内，这座半岛都处于布匿战争的冲击中。从罗马人、日耳曼人，到摩尔人，这块土地被数次征服。这块土地上的人，在一次次血与火的抗争中保卫这片土地。直到一个独立的国家——葡萄牙诞生。但这并不意味着战火消失、威胁不再。虽然葡萄牙率先建立民族国家，但其占地面积小，资源极度匮乏。国家这艘大船该如何行驶，是葡萄牙人必须思考的生存问题。

最终，他们将目光投向了蓝色的大海。穿过被称为"死亡绿海"的大西洋，会不会带来别样的财富？葡萄牙人望着大海，心中的恐惧仍旧存在。直到15世纪，葡萄牙一位恩里克王子正式将航海作为国家计划搬上政治舞台，航海才真正成为葡萄牙人的重心。在穿越茫茫海洋找寻财富的决心激励下，在海洋文明国家天生的冒险精神鼓舞下，筹谋21年的葡萄牙舰队最终朝着漫无边际的蓝色进发。

就在葡萄牙舰队驶向大海后不久后，西班牙的船只也进入了这片蓝色海域。承担这一航海使命的，是后来发现新大陆的哥伦布。此后，这两个当时的超级大国开始了瓜分世界的征程。野心充斥在伊比利亚半岛上空，葡萄牙和西班牙理所当然地认为，强者拥有选择的权利。在充分谈判后，世界被一分为二——刚发现的美洲大陆等西方地区归属西班牙，而东方则归属葡萄牙。

很快，葡萄牙占据了世界许多具有战略意义的港口，并垄断了利润丰厚的香料市场。当时的欧洲人近乎疯狂地追求各种香料。正是如此，财富迅速朝这个面积不超过10万平方公里的国家聚集，葡萄牙的世界地位也迎来了改变，海上贸易第一强国的称号冠之于身。

西班牙的发家史更加直接。由于美洲大陆被发现，奴隶贸易前所未有的集中。在美洲白银大量涌入西班牙的同时，美洲人却遭受到来自欧洲的疾病攻击——这使得美洲原住民人口数量呈断崖式下跌。

在被当时当地的人称为扩张谋求发展的过程中，被掠夺的国家却遭受了巨大的打击。就如人类最原始的争夺厮杀一般，在这场以15世纪为起点的西方大国第一次崛起的历程中，残酷也无可避免地来到。

当然，我们所说的奋斗者精神是对人性中美好一面的讴歌。许多年来，被入侵国家的人民在一次次与入侵者抗争过程中，体现出顽强不屈的意志，这是葡萄牙最初面对国家艰难环境时必须做出的选择。唯有强大，才能够在这座半岛上拥有一席之地。正是如此，在这个国家和民族身上，涌现的是团结、冒险、敢于探索未知世界的巨大勇气。

作为15世纪欧洲最早诞生的两个民族国家，葡萄牙和西班牙无疑创造了属于那个时代的神话。凭借新航线和殖民掠夺，他们迅速建立起势力遍布全球的殖民帝国，一时之间势不可挡，成为第一代世界大国。他们将原先割裂的世界连接成一个整体，让人类历史真正具有世界的属性。奋斗者精神力量在国家崛起的进程中发挥着中流砥柱的作用。但不容忽视的是，国家崛起之后的选择常常更能体现一个国家的奋斗者精神。

当我们站在强者的巅峰时期，当我们拥有了看似主宰世界的能力时，我们又该如何尊重其他国家、其他人民作为构成人类社会一分子的权利？在世界文明已经发展到如此程度的今天，野蛮和暴力仍旧不可避免地存在。因此，我们今天的奋斗，仍然要强调一个至关重要的因素，那就是奋斗不是建立在牺牲他人利益基础上的奋斗，而是平等友好地谋求一种和平方式壮大自我。这是人类从原始社会发展至今日的历史觉悟，也是当今世界所需要的发展方式。当我们谈论奋斗时，我们谈论的其实也是一种和平的奋进方式。

第二节　远洋航行贯彻奋斗精神

历史不会永远青睐于一人一国。在它绵延不绝的画卷里，涌现了无数主角。这些主角如流星划过天际，耀眼但也不过一瞬。只不过历史何其宏大，能够耀眼就已经注定不凡。

正如我们反复提及，人类历史是一段接力赛。时代造就的强国，也在不断变化，如接力赛一般交替变换主角。在滚滚向前的历史中，唯有不断奔跑的国家才能接过接力棒，成为时代的主角。

为什么这样说？

其实从世界科技和经济中心的五次大转移来看，我们就可以发现历史的这一规律。最初，古老的中国无论是科技还是经济文化，都在古代社会相当长的时间内独占鳌头。近代之后，科技和经济中心转移到了意大利。接力棒不断传递，再之后便是英国、法国、美国……在西方历史上，世界性大国崛起的规律也大抵如此。当西班牙、葡萄牙等国家走过那一段历史性岁月之后，属于荷兰的时代也就来了。

我们可以将一个国家的崛起，视为其民族精神的崛起。

奋进的印迹

1581年，摆脱西班牙统治之后的荷兰终于获得国家独立，这一转变为荷兰发展奠定了基础。濒临大西洋的荷兰国土面积小，资源也相当匮乏，尽管手工业相对发达，但本地市场不大。为了获得长足的发展，敢于冒险的荷兰人将目光投向了世界，想在广阔无垠的世界版图中开拓一片自己的市场。

船只改造，是荷兰人自我发展的第一步。这是一个非常聪明而又冒险的举动。一般来说，其他国家船只上的水手都会携带武器，且船只建造通常采用坚硬的木块，上设火炮平台，以防止海盗偷袭。荷兰人却不同。他们并没有设置武器装备。这意味着，他们不仅可以更多地运载货物，其造船价格和运输费用也低。但是在茫茫海洋上航行，没有火炮等武器装备，一旦遇上海盗，所有心血便付之一炬。这也意味着，每一次航行对于荷兰人来说都是一次生死赌博。

荷兰人的野心并不止于此。当时一些地方主要依靠船只甲板的宽度来收税。为了进一步节约成本、扩大利润，荷兰人想方设法制造出船肚子很大，甲板却很小的船只。就这样，许多荷兰人从事商业贸易活动，在世界各地航行，因此，赚取了大量财富，并且获得了"海上马车夫"的称号。

潜藏于荷兰人身上的冒险精神，很大程度上造就了他们当时的世界地位。他们敢想敢做，是当之无愧的航行斗士。因此，与其说是历史选择了他们这样一群奋斗者，倒不如说是他们自己造就了这一段辉煌历史。

从宏大到具体，是个体奋斗者涌现的时刻。在荷兰，有一个流传已久的故事。16世纪末，荷兰船长巴伦支带领着他管理的17名水手运输货物。船长试图寻找从北面到达亚洲的路线，却不小心被困在北极圈之内。在冰封的海面上，气温甚至低于零下40摄氏度。为了在这里生存，他们拆掉甲板做燃料，四处打猎维持生活，最终在这里熬过了8个月时间。

我们无法想象，具有多大的勇气和毅力才能在极寒的环境中长时间生存。更加难能可贵的是，这期间有8位船员相继去世，而在船上的货仓中，委托人的货物里就有可以拯救他们生命的药品。然而他们秉持诚信，丝毫没有动用不属于自己的东西。8个月后春天来到，剩余的荷兰人继续肩负起自己的使命，最终将货物完整地送到了目的地。

这场以生命为代价的航行，让世界看到了荷兰人在商业贸易中如何信守承诺。

正如历史不会忘记那些敢于拼搏的人，在当时的时代背景下，荷兰赢得了海上贸易的世界市场。17世纪，荷兰拥有的商船数量超过了欧洲所有国家的总和，成为世界贸易强国。

造船业的繁荣显示了荷兰高速发展的态势。当时，仅阿姆斯特丹就拥有几百家造船厂。因造船技术先进，欧洲许多国家的造船订单都被荷兰揽获。这也奠定了荷兰海上贸易霸主的地位。正是如此，荷兰的商船遍布世界各地。无论是中国的丝绸、瓷器，东南亚的香料，还是俄国的皮毛，大多经由荷兰商船转运。阿姆斯特丹成为世界性港口城市，商船遍布，繁荣的贸易往来到达巅峰。因此，荷兰人称这一段时期为"黄金时期"。

17世纪后期，荷兰分别与英法两国交战，且都以失败告终。这一事件也标志着荷兰地位的衰落。曾经风光一时的荷兰，最终也如历史上的西班牙、葡萄牙一般，划过历史的天空。

但我们不能忽视的是，荷兰之所以能够从资源匮乏的"弹丸小国"发展称霸世界，靠的正是荷兰人持之以恒、顽强拼搏的精神。直到今天，在荷兰阿姆斯特丹博物馆都会定期举办一个活动，旨在让孩子们体验四百多年前荷兰那段水上闯荡的历史，领会创业时代荷兰人的精神力量。

第三节　日不落光辉时代的背后

西方近代史中，所有轮番登上历史舞台的国家都有这样一个共性——敢于冒险。很大程度上，这是海洋文明造就的结果。一片蔚蓝的大海给予人无限想象，每一个敢于冒险、不惧牺牲的国家，都想要通过这片蓝色大海收获财富。

然而，历史给予每个国家奋起的机会是有限的。当时机来到，平庸的国家或个体即便能够触碰到它，却也无法牢牢把握。唯有合适的个体与合适的时机触碰，才会显示出历史的卓越光辉。

这样的时刻在人类发展的历史中数不胜数。而在近代西方国家的发展史上，历史的规律依旧不曾改变。英国女王伊丽莎白一世绝不会错过这样的时机。1588年，在与当时称霸世界的西班牙争夺海洋贸易的蛋糕时，这位年轻的女王毫不畏惧，她鼓励扩大英国贸易，甚至破坏西班牙贸易。

彼时的英国如何与西班牙抗衡？

历史总会给出答案。正如人类历史发展初期，弱小的人类偏偏在进化的征程中超越了所有动物，一跃而成为生物界的顶端物种。即便英国只不过是一个面积仅24万平方公里的小岛，但也拥有其超越国土面积的勇气和毅力。

那场最初奠定英国地位的战争，发生在1588年的一个夏天。称霸世界的西班牙带着自己的"无敌舰队"浩浩荡荡出发，他们此行的目的是惩罚"不听话"的英国。已经在海面上称霸近50年的西班牙有理由相信，自己可以轻而易举地打败英国。然而，历史总是给人以巨大的反差。

英国舰队虽不及西班牙那般大，但其船只上拥有先进的火炮，灵活性也非常强。加之这场战役中，气候也是重要的影响因素，最终英国将西班牙打得落花流水——一半舰队被打落入海，剩下一半逃回西班牙。

英国可谓一战成名。即便此后西班牙仍旧是海上霸主，但英国崛起的势头已经无法阻拦地显露出来。这个一直以来漂泊在海洋中的岛国，第一次以强者的姿态走进世界舞台的中心。

当然，这只是开端。一个国家崛起的背后，必然有各种各样的因素，英国也不例外。在海洋贸易中，优越的地理位置给予英国先天性的发展优势。尤其是海洋贸易中心在新航路开辟以后从地中海转移到了大西洋沿岸。英国正好处于大西洋的中心航线上，可谓拥有得天独厚的地理位置。同时，这时英国的女王伊丽莎白一世宽容而开明，她在法律和常规下统治一个国家，在王权与议会之间掌握一种平衡，营造了当时英国宽松的社会氛围。这一时期，整个英国似乎被赋予了前行的历史使命。

不过，另一位国王查理一世继任后，英国的发展轨迹却受到了影响。一方面，他试图继续书写伊丽莎白一世的传奇，但另一方面他又改变了女王的统治方式。在统治过程中，查理一世因种种出格行为，遭到了议会的强烈抗议。最后，查理一世被处决，克伦威尔登上历史舞台。但是，这一人物登场，并没有给英国人带来他们期待的生活。在这错综复杂的历史中，实施军事独裁的克伦威尔不得人心，最终也退出了历史舞台。詹姆士二世接过象征权力的手杖，试图回归其父查理一世统治的时代，但英国人自然不愿意重蹈覆辙。在这段掌权者几番交错的历史中，英国人创新了一种革命方式，即通过不流血的形式，让掌权者下位。这便是大名鼎鼎的光荣革命，英国历史由此迈向新的阶段。

在这场革命中，每一个登上历史舞台的人都梦想着名垂千古。然而事实却并非如此。正如茨威格所言："一个平庸之辈能抓住机遇使自己平步青云，这是很难得的。因为伟大事业降临到渺小人物的身上，仅仅是短暂的瞬间，谁错过了这一瞬间，它绝不会再恩赐第二遍。"[①]

英国在经历光荣革命以后，便慢慢转向君主立宪制，一个全新的时期就此展开。这意味着在英国一个人统治一个国家的时代结束了，一种更为科学的治国方式将推动这个岛国

---

① ［奥］斯蒂芬·茨威格. 人类群星闪耀时[M]. 梁锡江译. 南京：江苏凤凰文艺出版社，2019.

继续前行。

此后，英国进入加速发展时期。海外扩张和殖民贸易为英国集聚了大量财富，随之而来的，便是英国人认知水平的普遍提升。最终，第一次工业革命到来，第一个世界工厂形成——近两个世纪的时间内，日不落帝国真正成为世界霸主。

英国作家塞缪尔·约翰逊曾说，当一个人厌倦了伦敦，他便厌倦了生活，因为生活所能提供的，伦敦都有。这是1777年的英国，各类新奇发明涌现，各类思潮层出不穷。英国人自豪地认识到，自己已经处于世界的中心。

一个国家的崛起，引领了一个时代。那些属于奋斗者的光芒，最终洒落在日不落帝国的身上。但历史青睐的下一个对象已经开始展露端倪。这也再次印证了，没有哪一个大国会永远独占鳌头，唯有持之以恒地创造未来，才有可能得到历史的下一次眷顾。

第四节　法兰西巅峰时期的奋斗

法国先贤祠是法兰西思想和精神的圣地，从1791年，也就是法国大革命爆发两年后起，这里就成为供奉法兰西民族先贤伟人的殿堂。伏尔泰、卢梭等思想巨人的灵魂安息于此，供后人瞻仰。一走进先贤祠，耳边自然就会响起纪录片《大国崛起》中的经典旁白："这就是法国，对思想与文化的尊崇早已浸润了人们的灵魂。"

思想与文化，是法国历史中的关键词。法国崛起的重要杠杆，正在于思想文化的蜕变。

法国地处欧洲大陆的最西端。在荷兰、英国等先驱强国正如火如荼地发展近代工业时，法国还处于封建专制的统治下，落后又陈旧。但是这并不妨碍法国酝酿出影响全世界的平等思想。历史的奇异之处在于，最极端和对立的事物往往能在同一个地方产生，在欧洲封建王权最专制的法兰西王朝，恰恰孕育出了最民主的思想革命——启蒙运动。

启蒙运动为法国带来了理性之光，让法兰西民族从愚昧、落后的思想状态中被解放出来，去为争取自由和平等勇敢抗争。安葬于先贤祠的伏尔泰、卢梭等人，都能够被视为启蒙运动时期举足轻重的旗手。他们奋勇向前，高举着"天赋人权"的旗帜，帮助法兰西人民打破了神学枷锁。人们为了表达对伏尔泰的尊敬和感谢，在他的棺木上刻下了一句话："他拓展了人类精神，他使人类懂得，精神应该是自由的。"

自由和人权，在现在的我们看来，并不是新奇的词汇。但是在黑暗的欧洲中世纪，它却是一声石破天惊的呐喊，对世人产生了深远的影响。我们无法想象，在强大的封建势力的压迫下，这场伟大的民主思想革命究竟是如何从青萍之末发展到波澜壮阔。但可以肯定的是，必定有无数人为之流血流汗，有无数人以生命为代价，才让"天赋人权"的口号最终打破了"君权神授"的桎梏。

每一场声势浩大的思想运动背后，都是强大的奋发精神在作为动力和支撑。启蒙运动的兴起和发展，始终与整个法兰西民族的斗争和勇气紧密相连。

思想的力量是无穷的。巴黎咖啡馆中市民阶层的思想交锋，最终促成了法国历史上最为重要的分水岭——法国大革命。这场与英国工业革命并称为"双元革命"的社会变革，在奋斗者前赴后继的推动力量下，法国在经济、政治、文化等领域都发生了改天换地的变化。百折不挠的精神驱动和对自由的强烈向往，促成了这一场充满血与火的革命，也缔造了通过革命一步步强大起来的法兰西共和国。时代演进的规律一再证明，历史都是由奋斗者创造的，奇迹从来不会从天而降。

在声势浩大的法国大革命中，启蒙运动的"自由、平等、博爱"等先进思想得到进一步传播，没过多久便席卷了整个欧洲，也深刻地改造了法兰西民族。而推进这一重要历史进程的，是在法国大革命进入尾声时登上历史舞台的拿破仑。

在拿破仑登台前，法国已经有了新的制度、思想和文化，慢慢从欧洲世界的边缘，崛起为矗立欧洲中心的强大力量。拿破仑在横扫欧洲大陆的同时，也为欧洲各国带去了自由平等的启蒙思想，敲响了称霸欧洲几个世纪的封建王权的丧钟。在"欲存则变"的强大压力下，欧洲各国纷纷进行了一系列变革，以此应对法国的强势进攻。

然而，强盛的拿破仑帝国虽然摧毁了欧洲腐朽的王朝政治，但毕竟是一种违背历史潮流的霸权主义，注定难以长久。曾经目空一切的拿破仑在经历了滑铁卢战役以后便一蹶不振，最终在圣赫勒拿岛孤独离世。尽管威名赫赫的拿破仑帝国退出了历史舞台，但是启蒙运动和法国大革命的荣光却没有消失。法国，这个经历了华丽跃进的国家，至今都靠文化和思想吸引着全世界的目光。法兰西民族留下的宝贵思想遗产，自由、平等、博爱等，在时间的流逝中历久弥新，熠熠生辉。

第五节 可歌可泣的德意志崛起

任何一个国家的崛起史，都是一部可歌可泣的民族奋斗史，德意志也不例外。这个从1648年就分裂为314个邦国的国家，经历了223年时间，才终于在1871年得到统一。一个国家分裂时间如此之长，统一的过程必会经过千难万险。事实上，德国的历史也证明，这是一条非常不好走的路，需要德意志民族翻山越岭才能抵达高峰。

在统一之前，德意志虽然有帝国之名，却无帝国之实。1806年，法国在经过大革命后迅速崛起，拿破仑的军队悍然入侵德意志，轻而易举地就把这个名义上的帝国收入囊中。此时谁也没有想到，德国崛起的关键节点在拿破仑的铁骑下悄然来临了。

历史有时颇为耐人寻味。拿破仑军队的入侵，虽然给德意志民族带来了屈辱，但同时也促进了民族的统一。他用武力清扫了德意志存续几百年的封建秩序，同时在所到之处种下自由和平等的思想种子。可以说，拿破仑为德国定下了19世纪追求统一和自由的主要基调。

如果从拿破仑入侵德国开始算起，德意志民族经过近七十年的奋斗才实现了国家统一。在这一征程中，经济学家弗里德里希·李斯特是不容忽视的推动者。李斯特以独到的目光指出，德国的统一并不能一蹴而就，要先实现德国经济上的联盟，才能渐进式地达到政治统一的目的。从经济基础来联合上层建筑，这既是一个经济学家的超前设想，更是一个大胆的构想。

李斯特呼吁建立全德关税同盟，经过十几年如一日地游说各个邦国，终于打动了联邦中最大的邦国——普鲁士。普鲁士主导了德意志的关税联盟。后来，普鲁士成为德国统一的领导者。历史又一次为奋斗者留下了鲜明的坐标。

19世纪中期，德国关税同盟地区工业总产量快速增加，在欧洲仅此英国和法国，排行第三。至此，德意志正式实现了经济统一的目标。接下来，就是往政治统一进发。在这方面，德国的政治先驱们经过了许多尝试，走过了资产阶级民主革命的弯路，才终于找到合适的统治方式。

那就是，通过近乎独裁的铁血手腕成立德意志联邦帝国，哪怕发动战争也在所不惜。这样的方式虽然代价惨重，但对于德国四分五裂的国情最为有效。这种方式的推行者俾斯麦，是一个非常有历史感的谋士和勇士。

在内外部复杂的环境中，俾斯麦遵循欧洲大国的均衡原则，在欧洲列强环伺的夹缝中为德国找到了发展机会。所以德国于1871年实现统一后，幸免于战乱，赢得了宝贵的和平发展空间。

不鸣则已，一鸣惊人。作为后来者的德国，很快在世界发展潮流中居于上位，并迅速站在了第二次工业革命的前

奋进的印迹

沿。这期间,德国用三十多年时间超过英国,并一举成为欧洲第一、世界第二大经济强国。半个世纪前还陷于内乱和分裂的德国,真正崛起了。

我们可以通过几个数据,感受一下德国在第二次工业革命中的领先地位。从1851年到1900年,德国在重大科技创新方面取得的成果达到了世界第二,共有202项之多,甚至超过了法国和英国两个国家的总和。从濒临亡国到强势崛起,德国兴盛的背后少不了整个民族的拼搏和奋斗。

弯道超车,需要技巧和耐性。德国在工业化基础薄弱的情况下,之所以能够超越英国和法国这样的老牌工业国,就在于它用了巧劲,选择另辟蹊径,而不是复制英法的道路,以适合本国发展的独特方式迈向了近代化。这个独特的方式,就是培养优越的教育和科技力量,以赶上技术发明的东风。

在德国的近代化过程中,知识成为国家发展的重要推动力,这是与美国、英国和法国等国的近代化之路都不相同的地方。德国非常重视知识的力量,有意识地提高国民素质,大力发展大学教育,其对大学教育的重视,甚至可以追溯到德意志民族统一以前。

当时,德国王室将最后的家底投入现代大学的基础建设中,让德国可以在第二次工业革命中崭露头角。除了科研与教学并重的高等教育,德国对中小学教育同样非常重视。免费教育在德国推行时间很早,从19世纪中期便开始了。受教育就和服兵役一样,成为德国公民必须遵守的义务。适龄儿童如果不接受教育,监护人还会被罚款。因此,在德国统一前夕,德国适龄儿童入学率就超过了90%。可以说，国民素质的进步，是整个国家一起奋斗的结果。

在德国崛起的背后，尤其值得一提的是，德国科学家们的坚毅和勇气。正因为有无数科学家献身于科学研究工作，将个人利益置之度外，才为德国崛起输送了强大的精神力量，创造了几十年赶英超法的奇迹。这是促使德国崛起为世界强国的精神脊梁，也是德国能持续前进的重要力量。

第六节　美国荣登世界舞台中央

用"长江后浪推前浪"来形容西方大国的崛起史，可谓恰如其分。当一个国家走至世界舞台的中央，并拥有极强的话语权时，"后浪"已经蓄势待发。历史如一个巨大的旋转罗盘，似乎给了每一个国家奋起直追成为主角的机会。有人因登上舞台中央而欢呼雀跃，也有人因谢幕而失落沮丧。

我们回溯这段历史，其目的是挖掘每一个国家在崛起过程中所表现出的精神力量。在人类发展历程中，正是这种力量支撑着我们从过去走至现在，走向未来。

同样，这样的精神力量在美国的发展历程中也有所体现。今天，我们提到一个国家何以拥有如今的地位，这个国家的人民何以拥有如今的生活时，都不能忽视在其繁荣景气背后所隐藏的精神力量。

沿着历史的脉络回溯，1894年可以被看作美国历史上意义深远的一年。这一年是美洲大陆被发现400年，美国成立118

年。同是这一年，美国这个年轻的新兴国家，在努力汲取欧洲养分的过程中，最终实现工业产值的爆发式增长，跃居为世界第一大经济体。

西进运动在美国崛起的进程中起到了不容忽视的作用。回到19世纪的美国，你或许会看到一个个潇洒的牛仔，在高山、峡谷与荒漠间穿行。当时林肯签署《宅地法》，规定美国成年公民只需缴纳10美元，就可以在西部获得160英亩的土地，耕种五年，便能得到这片土地的产权。这一举措得到了显著的成效，刺激了大批的美国人放弃原有的家园，转而向西部开发、探索。

美国历史学界认为，西进运动鼓励了冒险精神。在那片人烟稀少的土地，热爱冒险的人可以尽情享受冒险，而不爱冒险的人则可以在这里创造新的未来。

这是充满开拓、勇气与冒险精神的历史时刻。近一个世纪的西进运动在客观上缓和了美国内部矛盾，并且打开了国内市场。许多历史学家都认为，正是西进运动塑造了美国人敢于拼搏，敢于冒险，敢于实现梦想的精神。

一个国家的崛起，绝对是群体努力的结果。这与人类发展史本质上是一致的。经历一系列奠定基础的发展历程后，美国迈入高速发展的时期，并成功引领了第二次工业革命。正是如此，这个相较欧洲大国尚处年轻时期的新兴国家，逐渐跻身世界强国的行列。

尤其是随着电力时代来到，各类发明创造如雨后春笋般涌现在美国的大地上，那些热衷于在新领域中不断探索的人,为国家创造了巨大的财富。以爱迪生为例,1922年美国国会统计,仅爱迪生一人创造的各类发明就使美国政府在50年内的税收增加15亿美元。相应地,政府也制定了一系列措施保护发明者的权益,如对专利权益的保障便是如此。政府鼓励发明创造,并通过法律条例保障他们在市场上获益。这样一个正向循环的过程,不但维护了创造发明的氛围,而且激励着每一个人去尝试、去创新。

在这场以电气化为标志的第二次工业革命中,美国依托强大的科技创造力,在19世纪末一举赶上欧洲大国,并就此改变了世界格局。经过不断地奋斗发展,美国渐渐成为世界的领头羊。

在国家与国家的角逐中,总有一方胜出一筹。胜出的缘由有方方面面,包含经济、政治、文化等。在这样一个综合因素造就的成果中,这个国家中民族精神所起的作用是不容忽视的。

我们如果对这些崛起的大国进行分析,都能发现这一共性。但同时,在上一个大国交出"接力棒"时,并不意味着他们丧失了这一精神力量。正如英国极地探险家斯科特探寻南极点,即便已经落后于挪威人阿蒙森,但他所表现出的精神力量成为这个国家的骄傲。历史不仅仅会记住那些成功者的故事,所有关于奋斗、拼搏的故事,总能在历史长河中泛起涟漪。

回到世界大国发展的最初时期,当最后一块大陆被发现,当世界真正意义上形成一个完整版图,人类有关勇气与冒险的故事便就此上演。葡萄牙和西班牙的舰队载着货物往来于海上，渐渐步入世界的舞台中央。由此，那些影响世界的大国纷纷出现，轮番上演着自强不息的精彩剧目，激励更多国家奋起直追、登台亮相。

值得一提的是，这一段奔流向前的历史与人类的进化征程非常相似。只有那些不断拼搏，不断尝试改变自我以更好地生存下去的人，才能不被时代淘汰。国家亦是如此。中国近代落后挨打的故事就是历史告诉我们的沉痛教训。

历史规律总是在告诉我们这样一个事实，美好的生活，美好的未来，无一不是奋斗出来的。对个体，对国家，都是相同的道理。如果只是贪图安逸享乐而不付出努力，即便是坐拥金山也终有一天会一无所有。

今天，时代在呼唤奋斗者精神。时代呼唤个体为了美好生活而不断开创、不断尝试。征途虽远，但唯有奋斗者能够获胜。一步一个脚印，个体才能实现梦想，国家才能富强。在大国崛起的道路上，时间是最客观的见证者。

第二篇：历史选择了奋斗者

第六章　五千年文明奋斗史

　　人类曾创造出四大璀璨的原生文明。但是在历史洪流的冲刷下，其中三个原生文明没能屹立不倒，它们动摇了根基，在历史进程中由盛转衰，由衰而亡。只有我们中华文明经风霜不改其色，历雨雪不变其坚，一脉相承、绵延千载，至今仍保持蓬勃的生命力，傲立于世界民族之林。纵观人类文明史，我们不得不说，这既是一个奇迹，也是历史选择的必然。

　　历史的奋斗进程选择了中华文明。春秋战国诸侯争霸，秦灭六国一统天下。此后，繁华的汉朝，开放的唐朝，热闹的宋朝……一一登上中国历史的舞台。

　　展开中华民族五千年波澜壮阔的奋斗长卷，其中每一个历史节点，都是中华民族不懈努力的结晶。也正是在奋斗精神的推动下，中华文明长时间走在世界的前列，并积累起其他民族难以望其项背的深厚底蕴。

　　中华民族的奋斗精神根植于包容广博的中华五千年文明中，一朝朝、一代代地往下传承，在绵延间铸就了我们民族的根和魂。

奋进的印迹

第一节　从蕞尔小邦到大秦帝国

2019年年初，秦始皇帝陵博物院举办了一场"帝国之路·雍城崛起——秦国历史文化展"。展览以时间和空间为轴线，分为"汧水风云"和"雍水辉煌"两个单元，展示了秦人在汧水和雍水流域奋发图强的崛起之路。

我们一提起秦国，首先想到的就是秦始皇统一六国，建立中国第一个大一统封建王朝的丰功伟绩。但对于"雍城崛起"，却很少有人了解。实际上，秦人在雍城的发展积累对后来秦国的崛起至关重要。在秦国兴衰沉浮的五百多年中，差不多有三百年，十九位秦国国君都定都雍城，韬光养晦，逐渐走出一条自强不息、奋发图强的崛起之路。

最初，秦国只是西陲的一个小邦，并非封国，在别的诸侯国已有称霸野心时，它甚至连正统的身份都没有。据《史记·秦本纪》记载：秦人的祖先原本只是给周王室养马，后被赐姓赏地，作为王室附庸，世代为其养马。周幽王经历"镐京之变"，秦襄公派兵救镐京有功，被新天子周平王分封为诸侯，"赐之岐以西之地"。

秦国尚处西陲时，东边其他的诸侯就已有争霸之势。但是秦国无缘这场野心家的"游戏"，因为在它的封地内还有大量入侵的犬戎军，根基尚不稳固。经过几代君王的苦心经营，秦国终于收复失地，逐渐在西陲之地站稳脚跟。而此时的天下，诸侯争霸愈演愈烈，春秋霸主轮番登台。执掌秦国的秦穆公也欲求东进,但最终在晋文公的强势阻挡下不得不退却。

秦穆公后,秦国陷入百年低迷期,沦为各诸侯国眼中的蛮夷之国。虽然处于中原诸侯联盟的边缘,但是秦国始终没有忘记谋求东进的鸿鹄壮志。那是一个大争之世,大变化,大发展随处可见,"凡有血气,皆有争心"。列国的兴盛和沉沦往往只在一箭之遥。齐国、晋国、楚国都可以成为霸主,为什么秦国不可以?

奋勇进发是那个伟大时代的主流精神,而时代的主流精神又汇集在秦国的崛起历程中。在秦孝公继位后,以商鞅变法为起点,秦国开始了全面蜕变的过程。这一变,就开启了秦国军事、政治、经济、文化的全面转型之路。

军事上合纵连横、远交近攻,政治上旧贵族崩塌、新兴地主阶级崛起,经济上井田制瓦解、铁器牛耕推广,文化上以法家为尊、广揽列国贤才……从商鞅变法崛起,到秦始皇统一六国,一代代秦人励精图治,历时一百六十余年,经六代君王磨砺,才终于完成了这一场伟大的革命,最终建立起强大的统一帝国。

世界上没有触手可及的丰硕果实。秦国崛起于变革之中,兴盛于马背之上。秦国一路筚路蓝缕,由弱小到强大,从偏居一隅到东出崛起,真正向世人演绎了什么是白手起家的奋斗历程。

历史由奋斗者书写。秦朝对后世封建王朝的影响不可磨灭。虽然秦国统一天下后仅延续两代就灭亡,但其创造的一套

奋进的印迹

先进国家体制和文明体系为后世所沿袭，甚至到今日依旧在一些领域闪耀光芒。

于拼搏中崛起的秦国见证了中国历史上的灿烂时代。那个时代风起云涌、英雄辈出，激烈的竞争成为时代的鲜明特征。文明之光在磨砺中越发璀璨，落后的文化被先进的淘汰，精华的部分被更加强大的存在吸收、发扬。在不断兼收并蓄中，中华文明非但没有离散，反而联系得更加紧密。更重要的是，秦国建立的第一个封建国家，让中华文明拥有了架构统一的载体，让习俗不同的各民族凝聚起来，形成多民族的统一国家。

历史上随着国家覆灭而灰飞烟灭的文明大有所在。比如稍晚于秦朝的古罗马帝国，在帝国大厦倾覆以后，文明随之溃散，令人十分唏嘘。但是秦朝所继承和创造的文明体系，却具有蓬勃的生命力。

中国有句古话叫"天下大势，合久必分，分久必合"，而千年以来不管天下如何分合，朝代如何更迭，中华文明始终保持着独立性和稳定性，能够包容开放，吸纳其他文明的长处为自己所用。

一个文明要想长盛不衰，必须始终具有包容开放的特性，只有这样，才能拥有源源不断的活力，才能于不断奋斗中进化发展。否则在这个变化莫测的世界上，我们这个幅员辽阔的多民族国家根本不可能顽强地生存数千年，成为四大文明古国中唯一的"幸存者"。

第二节　汉唐气象拔起时代之峰

汉唐是中华民族文明史上的两颗璀璨明珠。尽管在风云流变中，曾经强盛一时的朝代已成为过去，但是历史仍然记住了它们，并将最为荣光的部分纳入后世，一直绵延到千年后的现代。

中国的主体民族是汉族，汉民族的传统服饰是汉服，汉字是世界上最古老的文字之一，汉语是联合国六种工作语言之一……而在海外，唐人则近乎是华人的同义词，唐三彩是中国陶瓷中最珍贵的艺术品。凡此种种，折射出汉唐时期强大的文化辐射力，它穿透千年，历久弥新，是我们中华文明重要的缩影。

汉唐两朝也是我们提及古代封建王朝发展至顶峰时常举的例子。每当说起强大的中央集权帝国，总是绕不过汉唐。汉唐是我们中华民族海晏河清的盛世标杆。幅员辽阔、经济繁荣、人口充足、文化兴旺，是这两个时期的典型体现。

熟读历史，我们能够清晰地认识到，所有太平盛世都不是一朝一夕就能出现的，而是需要举国之力共同奋进，在日积月累间，于一砖一瓦处奋力拼搏才可得到。

在汉朝时期，中华文明一直处于世界文明的中心。汉朝的都城长安，面积约为34平方千米，而同时期的罗马仅为13平方千米。①在以人力和畜力为主的农业社会，建立城池是一项伟大的工程。从汉朝起，作为十三朝古都的长安城的修建，更是集合了全国劳动人民的智慧。"古来天下说长安"，群体奋斗的精神成就了汉朝国都的繁华和威仪。

莽莽河山，悠悠驼铃。汉朝开辟的丝绸之路打开了中西方贸易往来的通道，也将中国的强大影响力向世界传播。一次贸易往返要历时一年半载，没有像骆驼一样的吃苦耐劳精神，没有像雄鹰一样的拼搏进取精神，没有像奔马一样的不屈不挠精神，这种耗时漫长的交易不可能完成。正因为我们中华民族有脚踏实地的精神和敢于闯荡的勇气，才能长时间行走在世界前列，才能开拓丝绸之路的奇迹，才能将中华文明传播到沿线的地区和国家，让中华文明之花在全世界绽放开来。

汉朝是我国历史长卷上的一座高峰。汉王朝倾覆后，统一的中华文明经历了一定程度上的衰落，并在与外来文化的碰撞中，不断被打乱、重组。直到唐朝时，中华文明才再次焕发出统一的新光辉，这种光辉的力量之强，最终铸就了属于盛唐开放包容的特殊印记。

在唐朝政府的统治下，经过几代人的探索和积累，中央集权的封建王朝迎来了又一次巅峰时刻。唐朝在全国行政事务管理方面，有三省六部制，在公开选拔人才方面，有先进的科举制。这两种政治制度，起到了钱穆所说的"奠定了中国传统

---

① ［美］大卫·克里斯蒂安. 时间地图[M]. 晏可佳、段炼、芳云芳、姚蓓琴译. 北京：中信出版社，2017.

政治后一千年的稳固基础"的效果。有效的唐律规制为国民提供了极大的安全感，这也是唐朝能延续近三百年的重要原因之一。

在经贸领域，唐朝采取了多种措施保障丝绸之路的畅通。唐朝政府鼓励外商前来贸易，允许他们在中国居住、通婚、任官，有力保护外国商人在中国的合法权益。唐代对外极其包容开放，因此，宗教和商贸能够在中华文明中自由落地和生长。

海纳百川的气魄造就了政通国泰的辉煌盛世，也造就了当时最伟大的城市——长安。作为国际领先的大都市，长安城交易市场的格局分东西两市，东市买卖国货，西市买卖进口商品。这种分市交易的制度，在当时无疑极其先进。那些陈列在街市上汇聚了中西风格的器物，向世界展示了盛世大唐的开放气度。

"四海升平，万国来朝"是唐朝外交的一大盛景。中华文明强大的文化感染力，吸引了世界各国的国君、使臣、客商、僧侣、学生、工匠等纷纷前来长安取经。

唐朝包容开放的力量，不仅体现在对外方面，更体现在对内方面。经贸的活跃，往往与人口的流动有着直接关联。为解决流动人口的身份问题，唐朝政府采用灵活的《两税法》，规定"户无主客，以见居为簿"，即征税对象以所在地而非出生地为基础，使大量流散劳动力能够前往长安、洛阳、扬州等大城市寻找生存机会。这一政策对于那些立志通过努力实现人生抱负的人来说，无疑是一个巨大的机遇。人口的流动为大城市注入更多活力,直接推动唐朝工商业全面发展,走向繁荣。

第三节　科技贸易成就大宋盛世

如果我们近距离细观《清明上河图》,必定会被这一传世国宝的力与美震撼。这幅由宫廷画师张择端留下的风俗长卷,以精细笔触勾勒出北宋繁华的市民生活和经济活动,包容了熙熙攘攘的人间烟火,穿越千年光阴行至今人面前依旧鲜活如初。

长卷以上河为题,用将近三分之一的篇幅,向观者呈现了汴河繁忙的航运。寥寥几个场景,就足以表明航运在宋代的重要地位。据考证和计算,图中呈现的汴河河段仅有两里,但聚集了纲船、货船、客船、满篷船等超过二十艘大大小小的船只。这些在汴河上或行或停的船只,代表着当时世界造船技术的最高水平。

宋代是我国古代科技发展的高峰,尤其是在造船技术方面,领先欧洲数百年。1974年,福建泉州后渚港出土了一艘宋代海船,其"上平如衡,下侧如刃"。据复原和测算,这只船长34米,甲板宽10.5米,吃水3.75米,排水量454吨,载重量200吨[①],船上还有可升降的桅杆设计。在当时,这无疑是非

---

① 易中天. 易中天中华史：大宋革新[M]. 杭州：浙江文艺出版社, 2016.

常先进的。

此外，宋人所造的船只还使用了罗盘和艉柱舵，以及水密舱壁和特别的浮力舱。这些先进的造船技术表现出古代中国人民杰出的智慧。

宋代的造船业如此发达，与当时海外贸易的繁荣有直接关联。众所周知，尽管宋朝的军事力量薄弱，但此消彼长，其商业和经济却迎来了大发展、大繁荣。我们从宋代税收结构的变化中，可以窥斑见豹。

宋代有百分之二十的税收都来自对外贸易，而在唐朝，这个数据仅为百分之二。如果说唐代的丝绸之路更多是外国商人通过陆路走进中华大地，那么宋代的丝绸之路就是中国商人通过海运走向世界。

航海业的发达，自然而然地促进了造船技术的创新与升级。北宋时期的船只数量与船只形态比唐代更为丰富。并且，经过长期的实践和积累，宋代先民还总结出了一套科学造船的工作程序和方法，促成造船技术的进一步成熟。可以说，在精密的造船技术背后，是千千万万个匠人的打磨和试验，是奋斗者精神，缔造了宋代领先世界的造船业。

一个重要的闪光点是，宋人以敢为天下先的勇气，创造了利于建造和修缮船只的船坞，领先西方的第一座船坞400年左右。直到今天，宋代船坞的外形和原理仍被保留在现代造船厂中。如此跨越时间和空间的智慧，未有世代百年的尝试不可，未有千万人共赴不可，未有磨难挫折不可，未有攀登的勇气不可。

奋进的印迹

除了造船业外，宋代围绕航海运输还有多方面的技术创新。这其中，指南针就是不可忽视的一个。我国虽然很早就有对司南的记载，但是利用磁石的指极性来指示方向，确实是宋代的首创。据记载，指南针最早被堪舆家应用于风水测验，后来才推广到航运之中。在这里，无意探讨指南针从风水测验拓展到航海事业的路径，因为无论如何，指南针的发明都深刻影响了人类文明的发展。

除造船和指南针外，宋代在各个行业的技术创新，都处于当时世界的领先位置。宋代能够达到一个科技高峰，并不是巧合。一是靠政府对发明和创新的刺激，二是靠广大劳动人民的勤劳和智慧。可以说，宋人在合适的时机下，凭借辛勤付出和刻苦钻研，才成就了一个大创新、大增长的时代。

在这样一场诸多先进技术大放光彩的创新浪潮中，印刷技术也完成了重大的革命。活字印刷术发明前，唐代的雕版印刷术是传播知识的主流技术，但是随着宋代各领域创新知识的快速增加，旧的印刷技术已难以满足需求。北宋庆历年间，平民发明家毕昇经过反复试验，在一次又一次地推敲后，发明了胶泥活字印刷术。

沈括在《梦溪笔谈》中记载这种新兴技术时写道："若止三二本，未为简易；若印数十百千本，则极为神速。"如此来看，毕昇所创造的活字印刷，大大提升了批量印刷的效率，促使探矿、武器、航海、医药和工程等方面的新技术迅速传播，为世界的发展注入了一股强大动力。

在繁荣经济的推动下，宋朝社会的方方面面发生了连锁反应，表现在金融领域，则是出现了世界上最早的纸币——交子。交子的诞生体现了底层劳动人民的创新意识和变革勇气，这一宋代金融业的创新之光，是宋人勤劳和智慧的伟大结晶。

除航海业、金融贸易等领域的发明创新，宋朝在纺织业上也有所突破，如发明了一种较为复杂的缲丝机，主要由机架、集绪和捻鞘、卷绕及其他三部分构成。这是世界上已知的第一次机械化纺织生产的尝试，直接促成了宋代纺织业的快速发展。

造船航海、金融贸易、印刷纺织……宋朝的创新在各行各业、各门各派无有不揽。作为后人的我们，即使是站在现在的角度来看，宋代创新速度及广度都是令人吃惊的。更别说当时身处于创新浪潮中的先辈们，他们怎样被大时代影响？又怎样被历史推着前行？

我们可以做一些假设，去贴近那个时代最昂扬的奋斗精神。如果当时朝廷设有专利办法局，案头一定会堆满厚厚的专利证书。这些专利证书背后，是一个时代的科技顶峰，也是一个时代最饱满的精神写照。

第四节　商业启蒙奠定明朝实力

我们都知道，明代是中国早期资本主义萌芽的时期。这也表明了在明代时，中国的商业已发展到了比较成熟的水平。作为农业大国，中国自秦以来就遵循重农抑商的政策，明代亦是如此。但是铁血的政策，终究挡不住历史的进程。明代的商业顺应时代潮流，出现了新的生产关系，并且在一个特殊群体的推动之下，走上了封建时代商业领域的巅峰。这个特殊群体就是——商帮。

商帮开拓市场的历史，可以称为一部可歌可泣的奋斗史。

费孝通曾在《乡土中国》中指出："商业是在血缘之外发展的，而地缘则是从商业里发展出来的社会关系。血缘是身份社会的基础，而地缘却是契约社会的基础。"[1]商帮，就是建立在地缘关系上的典型商业集团。按传统意义上来说，明代有四大代表商帮集团：晋商、徽商、浙商、潮商。

从历史的窗口回望过去，四大商帮的成功都是绝处逢生。在安土重迁这一强大乡土观念的影响下，但凡有几亩良田，谁也不愿意走南闯北、背井离乡地讨生活。这意味着，很多人经商，是迫不得已的选择。大商人聚集的地方，大都开门见山、出门爬坡，由于无地可耕，即便有几分薄田，但因为土地贫瘠也没有多少收获。不能向土地要生机，只能用双脚蹚出一条活路，靠双手拼出一个前程。安乐窝里养闲人，角斗场上出英雄。晋、徽、浙、潮四大商帮的奋斗史，概莫如是。

四大商帮中，徽商的足迹遍布海岛和沙漠，胡适先生因此把徽商称为"徽骆驼"。徽商崛起，从历史的源头看，也是始于无奈。徽州地贫，处"吴头楚尾"，山高林密，人口稀少。晋末、唐末和宋末天下大乱时，北方难民为躲避战乱，三

---

[1] 费孝通. 乡土中国[M]. 北京：人民出版社，2015

次大规模移民南迁，徽州人口才增多并逐渐繁荣。但是人口一多，人地矛盾就出现了。

徽州地形多山，适合耕种的良田极少，号称"七山一水一分田，一分道路和庄园"。地窄人稠，粮食缺乏，物资紧张，注定了徽州人不得不穷则思变，向外部拓展生机。转来转去，最末等的经商活动，成为取代农业的活路。

常言说，靠山吃山，靠水吃水。徽州人于商场中打拼，也非常善于利用天然的地理优势。徽州受地理条件限制，不易种植粮食作物，但是茶叶、棉花等经济作物却非常适宜在山地生长。由于茶叶和棉花一直是历朝历代主流的大宗商品，所以吃苦耐劳的徽州人为了养家糊口，就挑着茶叶和棉花走南闯北做生意，换粮食。

有"天堂"美誉的杭州距离徽州很近，自唐以来就是东南形胜之地，经济文化非常繁荣，也是徽州人做买卖的头等市场。徽州人前往杭州行商，有水道，也有山道。

水道先取新安江，后经浙东富春江，再往下入钱塘江，就能顺利抵达杭州。水道便捷，顺风顺水。南宋初期首都迁到临安（今杭州），在营建都城时，徽州人向杭州贩运石材和木材就是走的这条水路。

山道则是赫赫有名的杭徽古道。杭徽古道全长15千米，蜿蜒于高山之中，虹卧于峻岭之间，由一千多年前的徽商一步一个脚印开拓而出。如果徽商不具备吃苦耐劳、勇敢无畏的奋斗精神，是不可能走出这样一条饱经风霜的险峻之路，将徽商拼搏不息的骆驼精神向后世传递。

徽州人没有陷于人地矛盾的困局，反而通过事必躬亲的细致和吃苦耐劳的精神，找到了一条崛起的新路。发展到后来，经商甚至成为徽州人择业的"第一等生业"。据说，在徽商鼎盛时，有超过七成的徽州成人男子都以经商为生。徽商因此而闻名天下。"丈夫志四方，不辞万里游。"按照徽州当地的风俗，一般男孩子从十几岁就要跟着长辈外出，从伙计开始，学着做生意。如果学徒期未满就回家，或者生意蚀本空手而归，都会被家乡人看不起。

所以，从一开始，徽州人就有一种破釜沉舟的决心，他们背井离乡，别妻离子，一年到头四处奔波，为了生意兢兢业业、不遗余力，不成功则成仁。徽商比之于其他三个商帮，对经商成功的欲望表现得更为强烈。有时候他们数年才能回家小住一次，大多数人都要等到年老体衰，才回家养老，真是"黑发出门白发归"。

徽商是奋斗者群体的一个代表，也是明代商帮崛起的一个缩影。他们凭借吃苦耐劳的精神，为中国商业带来生机与活力，也推动了中国商业的蜕变与发展，向后世绵延不绝地传递着商道精神。

第三篇 新时期的奋斗者精神

奋进的印迹

张岱年曾经说过,中国哲学家所思所议,三分之二都是关于人生问题。

以儒家思想为例,荀子认为:"制天宰物,以人胜天,而与天地参"①。这表示,人要克服内外双层的"污垢",时刻注意保持后天的修养与奋斗,才能走向通往"圣人"的道路。

在不同时代和不同文化背景下,奋斗者精神的表现也有所差异。

中国近代史,是一段饱受屈辱却又顽强不屈的历史。孙中山"和平、奋斗、救中国"的时代呼声,成为当时那段风云中激励人心的标语。

在西方的文化体系中,奋斗的表现形式为节制、禁欲、勤奋。比如,美国批判社会学和文化保守主义思潮的代表人物丹尼尔·贝尔就认为:"享乐主义的生活缺乏意志和刚毅精神。更重要的是,大家争相奢侈,失掉了与他人同甘共苦和自我牺牲的能力。"②由此可见,与之相对应的奋斗精神是促使时代不断向前发展的熊熊火焰。

无论古今中外,奋斗都被看作一个人终生价值目标实现的途径。不过在高速发展的新时期,奋斗者精神的内涵与时俱进地呈现出了新的含义。

---

① 张岱年. 中国哲学大纲[M]. 南京:江苏教育出版社,2005.
② [美]丹尼尔·贝尔. 资本主义文化矛盾[M]. 赵一凡译. 北京:三联书店,1992.

第七章　从奋斗谈起

奋斗是一个古老而新颖的词汇。早在东汉，许慎的《说文解字》（陈昌治刻本）就对"奋斗"二字有解释称："奋，从奞在田上，《诗》曰'不能奋飞'；斗，两士相对，兵杖在后，象鬥之形。"[1]在古汉语中，奋斗指奋力格斗。在现代汉语中，奋斗意为"为达到一定目的而努力干"。

第一节　不同时期中的奋斗精神

不同的时代，不同的文化背景赋予了奋斗不同的含义。

马克思认为，"人们奋斗所取得的一切，都同他们的利益相关。"[2]无论是个人奋斗还是集体奋斗，最根本和现实的目标就在于争取利益以满足需要。这是人们克服艰险、自强不息的动力，也是人们实现价值目标的手段。

《易经》有言，"天行健，君子以自强不息"。在中国传统文化里，自强不息意义显著，它是实现个人目标、追求美

---

[1]　（汉）许慎. 说文解字（陈昌治刻本）[M]. 南京：江苏古籍出版社，2004.

[2]　马克思恩格斯全集（第40卷）[M]. 北京：人民出版社，1982.

好生活的有效途径。生而为人，有诸多需求。但任何人要满足生活需要，都要通过自己的实际行动实现。同时，因实现目标阶段有所不同，对于劳动程度的需求也有所变化。这刺激了个体必须要不停地拼搏、不断地适应时代对个人的要求才能实现既定的理想目标。

奋斗的道路是难的，因为罗马绝不是一朝一夕间建成的；奋斗的道路是险的，因为前行的道路上不光荆棘丛生，还有山海阻隔。没有灵活应变的机敏，无法适时调整奋斗的投入，即使遇到溪流也仿佛面对汪洋。所谓奋斗是极其讲究谋略与智慧之事，并非仅仅一往无前，破釜沉舟即可。恰如陈胜吴广曾喊出一声王侯将相，宁有种乎？虽口号振奋，最终也还是进退维谷，日暮途穷。或如楚王项羽，兵强将勇，也逃不过乌江自刎，霸王别姬。

唯物辩证法提道："世界不是既成事物的集合体，而是过程的集合体。一切都处于永恒的发展变化之中，从来不存在什么终极状态和终极真理。"[①]同理，这也注定了"干事"不可能是按部就班的过程，目标制定也并非一成不变。因此，我们说奋斗是一个永恒的、动态的主题。正如靶心是不断移动的，要击中目标就要坚持与时俱进。坚持理论和实践的统一，在尊重客观规律的前提下，用科学指导实践活动，个体才能实现目标，击中靶心。

---

① 马克思恩格斯选集（第4卷）[M]. 北京：人民出版社，1982.

中国的发展是最佳例证。中国共产党敏锐地发现了应当将马克思主义同中国的具体国情结合起来，发挥主观能动性，从而探索出中国特色社会主义的发展道路。这也启示了如今要想获得奋斗果实的人们，要坚持科学务实的实践方法，尊重客观现实及规律，用科学的方法奋斗。

第二节　个人理想中的奋斗精神

奋斗是一场没有终点的征程，唯有持续奋斗才有可能获得成功。20世纪80年代，中国女排创下世界上第一个"五连冠"的奇迹，成为当时中国人的模范和骄傲。但随着老队员的退役，中国女排在90年代进入了青黄不接的下滑时期。中国没有放弃女排，女排也没有放弃前行。2003年，在第九届女排世界杯中，中国女排以11战全胜的姿态在沉寂17年之后醒来，勇夺世界冠军。2004年雅典奥运会时，中国女排克服主力队员因伤退出的困难，与强大的俄罗斯女排在决赛场上短兵相接，经历了首两盘的暂败后，中国女排第三局展现出了让人震撼的爆发力，逆风翻盘，惊天逆转，最终夺冠。女排精神是中华民族自强不息，百折不挠的最佳体现。不论是历史还是现在，中华民族不畏艰险，勇敢前行的身影始终在路上，从未缺席。

此外，奋斗还当忠于人民的价值取向。马克思主义在科学揭示人类社会发展规律的同时，也指明了人民群众是历史的真正创造者。人类的奋斗史表明，一切奋斗必须符合人民的根本利益，"以人为本"贯穿人类奋斗的始终。

奋进的印迹

　　个体奋斗是个人为了争取利益而进行的奋斗，但这并不代表个体与群体、民族、社会的奋斗目标相背离，也不代表个人利益无法与集体利益相统一。马克思主义奋斗观首先关注的就是个人奋斗和阶级奋斗的关系，即无产阶级奋斗是实现个人奋斗目标的基础，个人奋斗只有在集体奋斗中才能彰显出奋斗的价值和意义。因此，真正的奋斗者应当忠于人民的利益，为人民谋福祉。

　　奋斗是一种人生追求，是一种实践活动，是一种理性与感性的结合，还是一种历史与现实的统一。人类社会发展到今天，所有的科技、文化、思想以及旺盛的生机与活力都是祖先的奋斗成果。

　　时代不断发展，奋斗的内涵不断丰富。从原始社会时期，人类为谋求生存不断进化发展；到农业社会时期，人类为谋求温饱稳定不断开垦耕种；再到工业社会时期，人类为谋求社会进步不断创造发明……时代所处的每一阶段有其个性，奋斗的内涵有其特性。但就其本质而言，奋斗二字所代表的或许都是个体向上生长的推动力，是人类找寻自我存在意义的原点。尤其是在新时期，这一"向上推动力"的意义凸显得更加明显。

第八章　时代周期与运行规律

世界的运行发展有一定规律。比如，马克思列宁主义揭示了人类社会历史的发展规律，其中提到生产关系一定要适应生产力状况，上层建筑一定要适应经济基础。在人类社会中，有些规律是恒定不变的，具有普遍适用性，但有些规律却并非如此。

有一种观点认为，世界舞台中心的角色每一百年左右更换一次。也就是说，大约每隔一个世纪，就有强国衰退，他国崛起。比如，1450年，葡萄牙开启了大航海时代，一举跃居世界领头羊地位。1530年，西班牙在海洋世界中异军突起，接棒葡萄牙成为世界霸主。1640年，独具一格的荷兰成为海上马车夫，登上世界舞台的中央。1720年，荷兰东印度公司破产，法兰西帝国迈着象征自由的脚步在世界中心登台亮相。1815年，拿破仑滑铁卢一役战败，英国乘第一次工业革命的东风一举成为日不落帝国。在世界的近代史上，这一规律似乎如同一个周期性现象，影响着大国的排序。

然而，当今社会的发展趋势早已不是一百年周期论所能概括。以10年为一个节点，我们的生活便已是天翻地覆的变化。据国家统计局发布数据，2020年，中国居民人均可支配收入为32189元，比2010年翻一番。短短10年，变化早已潜藏在时间之中，改变未来生活方式的种种因子，都已经埋下伏笔。2010年，国内如美团、知乎、小米逐一登场。国际上，Iphone4诞生，苹果崛起，诺基亚就此走下坡路。在两大巨头命运交错的同时，苹果公司推出Ipad，将笔记本与智能手机的功能相结合。那时谁也没有想到，10年后，我们的衣食住行、吃喝玩乐，全部都呈现出别样的状态。

今天的世界，变化发生的速度更胜以往。在更短的时间周期内，人类社会生活变化层出不穷。曾经经历了几百年的奋斗与探索才奠定的基础，正成为现代社会加速迭代的强大动力。

第一节　拥有突破周期的勇气

在投资领域有一个说法，市场具有周期性。如经济衰退、市场触底，这些都被看作是正常现象。放眼人类历史，这样的周期概念也数不胜数。以国家发展为例，有初创时期的"草莽"阶段，有发展时期的盛世阶段，也有衰落时期的落寞阶段。三个阶段共同构成一个生命周期，如此循环往复。所谓突破周期、穿越周期，便是从一波又一波浪花中走过，而不是被浪花打得晕头转向。

整体而言，人类历史的发展脉络，就是一次次穿越周期的过程。正如此前我们几次提及在远古时代，那些止步于奋斗探索的一部分人终被残酷的自然法则淘汰。只有聪明的人，才活了下来。这其实就是穿越周期的体现。现代社会中，有人在碰壁后，被困在消极情绪之中，没办法再往前一步。这一截面折射的就是无法穿越周期的日常细节。

在中国传统文化里，有一个无法穿越周期的典型故事。一日早晨，子贡在大院门口打扫。有客来到，便问他："您是孔子吗？"子贡答道："您有何事需要请教我们老师？"客人答道："我想请教关于时间的问题。"子贡便道："这个我知道，我能回答。"

客人便问："一年有几季？"

子贡回答："四季。"但客人却不认同："一年只有三季。"两人争执半晌，僵持不下。孔子听闻便外出查看，之后答道："一年只有三季。"客人听后深以为然，大笑而去。子贡不解，便问道："一年明明有四季，为何老师说三季？"孔子解释道："确实是四季。但你看刚才那人一身绿衣，面容苍老，分明是田间的蚱蜢。蚱蜢春生秋死，只活三季，哪里知道还有一个冬季呢？"

由此衍生而来的一个说法，便是三季人。三季人无法穿越周期，只站在自己的立场和角度思考问题。这类人常常会陷入思维的迷宫，无法找到人生的突破口。因此，我们所说的周期，可以具象化地理解为人生道路上坎坷艰难的阶段。穿越周期，便是学会度过这段低谷时期。

新时期奋斗者精神的特征之一，就是拥有穿越周期的勇气。特别是在"黑天鹅"频出的年代，人人都寄希望于找到对抗不确定性的终极武器。由此衍生而来的各种定论或者周期法则，都在一定程度上成为人们安慰自我的方式。但遗憾的是，万能钥匙和通用法则并不存在，人们只能在不断实践与探索中寻找出路。

第二节　坚持长期主义是前进动力

长期主义的概念可以很好地诠释人类发展史。无论是物竞天择、适者生存的生物界法则，还是绵延不绝的文化文明，其背后都有着长期主义的身影。因为唯一能超越变化的是长期主义，而非机会主义。

长期主义可以被看作是穿越周期的方式和度过困境与低谷的途径，也可被看作个体持续奋斗的方法论。

《曹刿论战》中说："夫战，勇气也。一鼓作气，再而衰，三而竭。彼竭我盈，故克之。"这一经典兵法论断，看似是一鼓作气快速解决，实际上隐藏了长期主义的作战理念。拆解来看，一鼓作气持续战斗，而非断断续续间歇战斗，更能保证团队士气。

另一个经典案例是探险家冒着生命危险展开对南极点的角逐。前文我们对这一案例已经有所涉及，此处我们想从另一个角度阐释这个充满勇气和悲壮的故事。

20世纪初，挪威人阿蒙森和英国人斯科特两方带队，几乎同时展开了征服南极点的冒险旅程。挪威的团队比较顺利地率先到达南极点，并且插上了挪威的国旗。之后，挪威团队顺利返航。

大约一个月后，英国成为第二支到达目的地的团队。然而通常情况下，第一名会收获鲜花和掌声，第二名与之相比就显得黯淡无光。也正是如此，英国队的士气大大受挫。在归途过程中，因供给不足、气象突变、饥寒交迫等原因，英国探险队成员最终不幸逐一罹难。

很多年来，有关英国与挪威探险队呈现两种结果的研究和争论不断。其中一种观点认为，挪威探险队能够成功是因为他们的团队无论去程还是归程，无论天气好坏，都坚持每天行进30公里。在这样一个极限的环境里，他们不管外在环境如何变化，始终按照既定目标前行，坚持把当下做到最好。

就这一角度而言，30公里就像一个周期，恶劣的环境就是影响穿越周期的难题。持续不断坚持每日走30公里，就是在坚持长期主义。这可以被看作挪威探险队取得成功的关键因素之一。

长期主义体现在许多方面。正如企业发展要突破周期，便需要保证长期主义。在投资方面，巴菲特也曾提过长期主义。一次，爱彼迎CEO布莱恩·切斯基与亚马孙CEO贝佐斯聊天，谈到了巴菲特。切斯基便问贝佐斯："巴菲特给过你最好的建议是什么？"

贝佐斯回忆自己曾问巴菲特道："你的投资理念十分简单，为什么大家不直接复制你的做法呢？"巴菲特回答颇为耐人寻味，因为没有人愿意慢慢变得富有。这句经典回答背后，折射出长期主义的持续效应。

从历史来看，坚持长期主义，坚持持续不断地奋斗，成就了人类历史的辉煌。无论是中华文明绵延五千年而不中断，还是人类科技发展史上的一座座高峰，抑或是一家公司的

奋进的印迹

成立发展,甚至是个体的成长,本质上都包含了长期主义的发展理念。

尤其在新的时期,当变化成为生活常态,长期主义的意义更加重要。我们常说,奋斗不是靠空喊出来的,而是靠脚踏实地,一步一个脚印干出来的。在这一躬身实践的过程中,长期主义发挥的作用非常大。唯有持续不断地努力,并保持自己的节奏,才有可能在飞速变化的时代中穿越周期的漩涡,创造属于自己的成就。

长期主义的奋斗方式,包含着一种正向的价值取向、价值观念。中国学者兰久富曾说,任何一种价值观念都想用自己的标准解释世界。[①]在新的时期,我们论及长期主义的奋斗方式,实际也是以这种价值理念解释创造幸福的方式。

坚持长期主义,持续不断地奋斗,是千百年来历史前进的外在表现,也是人类文明得以延续的关键。历史以不可阻挡的速度往前发展,每一次的周期发展都对人类社会产生了举足轻重的作用。

---

① 兰久富. 价值观念冲突的深层意蕴[J]. 人文杂志,1996(2):43.

第九章 外力驱动朝内力驱动转变

远古社会时期，人类为了应对猛兽攻击做出了直立行走的转变。这时，人类大多是依赖自然，被动地获取生存所需要的物质资料。农业时期，人类为了解决温饱问题而尝试驯化植物，同时，又在与自然的博弈中学会了使用畜力、水力和风力，推动了农业生产力的提高与发展，人类社会由此进入精耕细作的农耕文明时期。工业时期，人类为进一步解放生产力、提升生活质量，兴起了工业革命，利用煤、石油等资源，进入了蒸汽时代和电气时代。

经过以上三个时期数百万年的发展，人类的前进路径已从蛮荒逐渐走向文明，生存境遇得到极大的改善，而文字、城市、青铜冶炼技术等珍贵文明成果也证明了人类文明得到了飞跃式的进步。在这一优渥的基础条件上，为了追求更加美好的未来，人类将目光逐渐从物理世界瞄向虚拟世界，由此互联网时代随之而来。5G、人工智能等技术不仅让人类的生活、生产方式发生了翻天覆地的变化，还扩大了人们对于未来的想象空间，使人类漫步于科技塑造的世界之中。

在从古至今的漫长岁月里，我们不能只看见人类文明演进结果这一条明线，我们还需发现，人类作为推动文明进步的主要力量，在推动文明进步的同时，渐渐由被动的姿态转换为主动的姿态。例如原始社会时，由于人类生产力低下而被迫采取某一种生存方式谋生。但在发展的过程中，人类的主观意识觉醒，逐渐掌握了这种改变的主动权，"我要"替代了"要我"。我们可以将此变化归结为，人类文明的变革、发展动力已由外力驱动转变为内力驱动。

尤其是在科技水平突飞猛进的互联网时代，人类的内力驱动也呈现出前所未有的积极态势。这一时期，人类沉迷于自发性的研究与创造，兴趣成为技术进步源动力的特点尤其突出。

值得一提的是，即便人类的发展动力已由外力驱动转变为内力驱动，但转变的过程也不是一朝一夕的事情。人类大约在原始社会度过15万年，在农业社会度过1万年，在工业社会度过600年，其时间之比为300∶12∶1。[1]互联网时代之后，人们进入高速运转的信息化社会，人类文明演进的速度将会更快。

其中，人类之所以长久处于原始社会时期，就是因为此阶段人类的前进动力以外力驱动为主。在某种程度上而言，若不是外部世界的逼迫，人类并不会主动寻求改变，因此，人类文明进程十分缓慢。可以看到，在之后的社会形态中，在内力的逐渐驱动下，人类文明的进程完全是倍速前进。

由此可见，内力驱动主导变革所耗费的时间与前者相比

---

[1] 搜狐网. 机器人时代，购房者如何找准有效财富载体？[EB/OL].
[2019-06-24]. https://www.sohu.com/a/322622824_120167684.

几乎可以忽略不计。但带来的变化，却远超过往任何一个时期。当然，我们不能否认人类在外力驱动下所创造的成果，但此处我们需要强调的是，主动型的内力驱动能产生非常强大的影响力。

在哲学上，与内力驱动相近的概念是主观能动性，或称"自觉能动性"。这一概念包含两方面的意义：第一，人们能动地认识客观世界。第二，在认识的指导下能动地改造客观世界。总体而言，内力驱动可以被看作是人类经过漫长时间发展后，自我意识的逐步觉醒与强大，这是人类意识层面发生的重大转变。

互联网时代，内力驱动释放出前所未有的巨大能量，深入改变了我们生活的各个方面。正是如此，在新时期奋斗者精神的表现特征中，内力驱动具有举足轻重的意义。

以工作场景而言，通常具有超强内力驱动的人，其工作生活常呈现正向状态。稻盛和夫在其著作《干法》中，将企业职工分为三类：自燃型、他燃型、不燃型。其中，自燃型就是擅长自我激励，做事积极主动的职工。某种程度上，自燃型品格与内力驱动型人格有异曲同工之妙。这类人都可以凭借自身的动力，去创造或完成某一件事。

从外力驱动到内力驱动，虽然是意识层面的小小变化，却如清风过山林般吹起了片片树叶——人类社会以前所未有的速度发生着变化。

第一节 自我意识是转变关键

正如上文提到，过去一定时期内的奋斗多少带着被动的意味。当时人类社会的一个共性特征就是"被动"引发进步。因时代不断发展，人类自我意识觉醒后，内力驱动更多地影响着人类社会的发展。

由被动到主动，从外力驱动到内力驱动，人类的转变有几个关键因素在发生作用。

第一，危机意识。或许我们都知道野狼磨牙的故事，当其他动物都在休息娱乐时，只有一只野狼还在草地上勤奋磨牙，面对其他动物的不解，它回答："如果我现在不把牙齿磨锋利，当我被猎人或老虎追逐时，我已经没有机会来磨牙了，那时我将成为敌人的美食。"见微可知著，我们知道变化是恒定不变的现象，常常给人带来焦虑和恐惧。在过往历史发展脉络中，人类经历了许多不确定现象。火山喷发、山洪暴发、地震等等自然灾害，或者是核泄漏等人为因素造成的意外，都是人类生存发展的挑战。一方面，人们畏惧死亡，对不确定的未来充满焦虑。另一方面，居安思危的危机意识，不断在人们脑海深处翻涌。主动开创世界，提前掌握主动权，成为新时期更多人的选择。

就企业而言，华为的危机意识非常强。2000年，任正非在华为内刊发表《华为的冬天》一文时，曾提及"十年来，我天天思考的都是失败，对成功视而不见，也没有什么荣誉感、自豪感，而是危机感"。

过去，危机是促使人类发生转变的关键因素。现在，面对危机，我们"在晴天修屋顶"，将结果控制在自己手中。从被动到主动，从外力驱动到内力驱动，个人意识的觉醒促使社会迎来新的发展时期。

第二，兴趣的力量。人类进入互联网时代后，出现一个显著的变化——兴趣的力量被放大了。时代的进步、生活的变化等，都与人类的兴趣和探索欲望紧密相连。比如，苹果公司创始人乔布斯，因从小生活在硅谷，于是对电子行业产生了浓厚的兴趣。在兴趣驱使下，乔布斯与朋友研制出了第一代苹果电脑，为一家卓越公司的诞生奠定了基础。当兴趣遇上天赋，乔布斯的才能得到了发挥，风靡全球的电子产品来了。无独有偶，谷歌创始人之一拉里·佩奇也同样如此。这位从小深受家庭环境影响，对互联网和计算机兴趣浓厚的人，最终也因此改变了世界。

当今，随着社会发展水平、人口素质的普遍提高，在拥有更丰富、多元的选择下，更多年轻人选择以自己的兴趣为奋斗方向，造就更加多样化的世界。

在一定程度上，我们怎样去开拓世界，世界便呈现出怎样的模样。古往今来，皆是如此。人类的渴望与兴趣、探索与欲望，成为改造世界的笔，最终将世界描画成我们理想的形状。

第三，学会反思。精神分析学家弗洛伊德将人的精神分为三部分：本我、自我、超我。本我，是满足本能的欲望。自我，是自己意识的存在与觉醒。超我，是内在的价值审判。在这三层逻辑里，我们可以简单地将反思自省理解为"超我"的含义之一。当我们开始反思时，我们就已经在与"本我"做抗争。

古人以"吾日三省吾身"，来反思并总结日常行事是否有不妥之处。而在个体意识觉醒的当下，我们反思自我行为，实际上就是在拨开迷雾认清自我。

第二节 内力驱动的外在表现

我们将新时期称为主动创造的时代。无论是自省意识的萌发，兴趣驱动创造，还是危机意识的觉醒，都是诱发内力驱动的因素。这些因素在过往时代都有所表现，并非近几十年的特例。

但正如知识积累是一个从量变到质变的过程，累积的意识变化也会在某一个阶段产生质变。以中国为例，内力驱动在某一时期内，表现为国家面貌的迅速改变。我们将此改变称为中华民族群体奋斗的结果，或者说中国人民内在驱动力集中表现的结果。

从1949年到2019年，中国用70年时间改变一个国家的面貌。以航天为例，开国大典上，受阅飞机因数量不够，只得在空中飞完一圈又飞一圈。70年后，国产大飞机运20、C919等相聚蓝天，嫦娥四号实现人类探测器首次月球背面软着陆……中国航天人的内在驱动力，推动了一个国家航天航空

第三篇：新时期的奋斗者精神

事业的飞速发展。

格拉德威尔在《异类》中说道："人们眼中的天才之所以卓越非凡，并非天资超人一等，而是付出了持续不断的努力。"①

中国的发展变化本质上是群体奋斗的结果。中国近代到现代这一段历史，可以看作内力驱动的转折时期。中国近代史，是一部中华民族的血泪史，更是一部中华民族的抗争史。鸦片战争后，即便有部分中国人前赴后继地努力唤醒国人意识，但也已经无力扭转清朝的腐朽落后局面。而中华人民共和国成立后，国家整体面貌迅速转变，呈现出欣欣向荣的新局面。这时，内力驱动成为点燃一个国家崛起力量的火把。

群体性的内力驱动能迸发出巨大的能量。1994年，凯文·凯利在《失控》一书中提到，单只蚂蚁的行动路径非常简单。然而，当大量的蚂蚁组成一个组织体，其"劲往一处使"的行为则呈现出近乎智慧生物的秩序感。当然，蚂蚁并不具备自我驱动力，它们所有的行为都基于本能。但人类不一样。当我们调动内力驱动，又能真正做到"劲往一处使"，当然可以产生强大的作用。

正如修建长桥一样，从1957年建成有"万里长江第一桥"美誉的武汉长江大桥，到2018年港珠澳大桥运营通车，中国跨越沧海的历史风云由一群伟大的劳动人民共同创造。

---

① ［美］马尔科姆·格拉德威尔. 异类[M]. 季丽娜译. 北京：中信出版社，2009.

积土而成山，积水而成海。新时期，内力驱动下敢闯敢拼的毅力和自我革新的魄力，让中国人闯出了一条带有中国特色的发展道路。以扶贫为例，内力驱动也是基层扶贫干部的工作思路。在中国偏远地区的扶贫道路上，不乏贫困户自身脱贫积极性低的状况。这时，扶贫干部通常会激发贫困户的内生动力，刺激其主动脱贫致富的欲望。

在人类漫长的发展历史中，我们从外力驱动走向内力驱动，从蛮荒社会走向现代文明。不同时代，驱使我们前进的动力与发展方式各有不同。但身处新的时代，内力驱动所迸发的能量，将会引领我们走向未来。因此，无论是赶超时代，还是引领时代，在当下以及未来，内力驱动都会发挥举足轻重的作用。

第十章 个人英雄与全民奋斗

历史的种种事迹证明,个体的成就总能在不经意间塑造历史的节点。因为个体奋斗的背后,集中体现了人类精神力量迸发的强大动力。由个体到群体,再到民族、社会,奋斗正如一场永续进行的接力赛。个体奋斗是实现群体奋斗、民族奋斗的前提和基础,群体奋斗则在更大程度上推动时代跨步前行。

从人类社会发展的历史来看,群体奋斗的意义非同凡响。过去人类弱小,仅仅依靠个体的力量无法生存繁衍。因此,抱团取暖成为群体奋斗最初的表现形式。今天,新时期奋斗者精神的外在表现之一,仍旧包含着群体奋斗。与过往相比,群体奋斗的含义更加丰富,其网络效应尤其明显。

第一节 群体奋斗的网络效应

"网络效应"本是经济学中的词语,具体指产品价值会随着产品及其兼容产品的消费者数量增加而增加[1]。但是其中蕴含的道理,可以和新时期奋斗者精神的网络效应作类比。

---

[1] [以]奥兹·谢伊. 网络产业经济学[M]. 张磊译. 上海:上海财经大学出版社,2002.

现实生活中，可以用一个最简单的例子来解释网络效应：电话安装。如果一个城市只有一户人家安电话，那么这部电话所获得的就只是电话自身的价值，而不能释放信息传播的能量。但如果城市中五家、十家甚至是家家户户都安装了电话，从而构成一个互联互通的网络，那么电话的作用就能被最大化开发出来。这样一来，安装电话的用户也能从网络规模的扩大中获得更大的价值。此时，电话网络的价值就会呈几何级数增长。

奋斗的网络效应亦是如此。当波澜壮阔的奋斗种子在全世界埋下，其凝聚的精神力量就越大，价值释放也就越大。网络效应营造出正向的环境，个体就被调动出积极性、主动性和创造性，凝聚成全民奋斗的巨大能量。

虽然人类自古便有群体奋斗的基因，但过往的闪耀时刻，有许多都是个体奋斗创造的成果。比如，牛顿趁着在乡下躲避疫病的空隙，独立完成了牛顿力学三大定律等主要科学成果。爱因斯坦在没有任何外界援助的情况下，创立了具有里程碑意义的相对论。他们是人类历史上闪耀的星光，是留名科研史册的英雄式人物。

当然，我们不能忽略群体奋斗也有诸多伟大成果。中国共产党之所以能够推翻压在中国人民头上的三座大山，极其重要的原因之一便在于团结了一切可以团结的力量，形成了广泛的奋斗群体。

群体奋斗是个体奋斗的延伸，个体奋斗是群体奋斗的前提。新时期，奋斗更多呈现出群体激扬的状态。以科研为例，在竞争日益激烈的情况下，新时期的科学家们更多讲究团队合作。全世界某个领域的顶尖人才，通常会聚集在一个著名的实验室中，一起攻克领域中的研究难关。

比如，位于美国伊利诺伊州的费米实验室，就是一个吸引全世界物理学家组成超级科研团队的顶尖实验室之一。费米实验室是美国最大的高能物理实验室，在实验室大楼前的广场上，竖立着中国、美国、加拿大、意大利、日本等多个国家的国旗。国旗背后，都是费米实验室背后支持的研究型大学所在的国家，也是科研力量的来源。

马克思主义历史观提到，历史是人民的集体智慧所创造的。宏观的社会发展图景无论多么波澜壮阔，总是与微观的个体命运相互影响、紧密关联。不管是多么平凡、日常的活动，都可能产生十分明显的作用。涓涓细流终可成就大海。

第二节　奋斗精神的四个层面

从哲学上来看，奋斗有四个层面的含义，个体奋斗、群体奋斗、民族奋斗和社会奋斗。①越往后走，奋斗所包含的对象和主体就越宽广。两人为伍，三人成群。群体奋斗、民族奋斗和社会奋斗，都能形成奋斗者精神的网络效应。

一开始，人类生存的本能觉醒，个人的目标、意识、价值取向、行动等都带有独特的印记，影响着个体奋斗的轨

---

① 夏伟东. 论个人奋斗[J]. 教学与研究，1989（4）.

迹。正如黑格尔所说："只有具有自我意识才具有特殊的命运。"[①]个体奋斗对于个体的生存至关重要。但是个体的目标、力量和大环境、大潮流相比，终究是受限的。人类能够在自然界的竞争关系中脱颖而出，不是依靠锋利的爪牙，也并非凭借能够追风的腿脚，而是将团结协作的群体力量发挥到了极致。

生存挑战是促使人类抱团的原始动力之一。远古时期，人类时常面临被野兽侵害的危险。个体力量微弱单薄，人们不得不形成群体，共同抵御外界的侵袭，以满足自己生存、繁衍的需要。这是人类群体奋斗的最初雏形。

随着人类社会的不断发展，群体奋斗还促进了人类社会属性的发展。人类的每个个体都处在一定的政治、经济、文化等社会关系之中，这些社会关系把个体网罗进一个个群体。当这个群体为了共同的信念，英勇顽强地改造自然和社会时，就完成了一个群体的奋斗实践过程。[②]在历史长河中，人类无数的丰功伟业都与群体奋斗精神有着密切的联系，比如建筑史上的奇迹——埃及金字塔。没有成千上万奋斗着的古埃及人民，根本无法建成这些矗立千年依旧气势恢宏的建筑。所以可以说，群体奋斗是人类社会进步和奇迹创造的动因所在。

群体奋斗具有凝聚个体力量的趋向，民族奋斗则具备更

---

① ［德］黑格尔. 精神现象学[M]. 贺麟、王玖兴译. 北京：商务印书馆，1979.

② 姚军. 奋斗论[D]. 江苏：苏州大学，2011.

高层级的凝聚力量。民族奋斗是随着民族产生而产生的。普斯顿大学教授奥兹·维罗里认为，民族是指作为一个国家的价值，包含了从精神上、道德上、理念上对国家的认同。[①]作为整个民族的灵魂，民族奋斗精神往往凝聚着自强不息、繁荣进步的强大动力。从人类历史发展的进程来看，每个民族都经历了无数大风大浪的洗礼，才能在艰苦卓绝的环境下创建民族伟业。如果没有奋斗作为支撑，民族的辉煌历史和文明无从传承。比如，我们中华民族曲折波澜的五千年发展史，铸就了无数辉煌，但也经历了许多苦难。从上古到今天，中华文明之所以能够在苦难中欣欣向荣，与整个民族顽强拼搏的奋斗精神有着紧密联系。

社会奋斗，或者说全民奋斗被看作是奋斗的最高层次。全民奋斗并非一个新颖的概念，它是群体奋斗的更大范围含义。截取历史的篇章，全民奋斗的实践数不胜数。比如，今日之中国便是全民艰苦奋斗而来的成果。从在战争中浴火重生，到中华人民共和国正式成立，再到一穷二白搞建设迈入工业化的大门，接着一步步走向改革开放的春天……每一个重大历史节点，都有全民奋斗的身影。当代中国，迈进在实现中华民族伟大复兴的道路上，全民奋斗仍然是时代发展的主旋律。并且相比于以前，新时期的全民奋斗力量体现得尤其明显。

在新时期，自强不息、开拓进取的全民奋斗精神，越

---

① 程笑等. 公共理性与现代学术[C]. 北京：三联书店，2000.

来越成为社会发展的强大合力。推动构建人类命运共同体的"一带一路"倡议，即是全民奋斗力量的最佳体现。从社会整体发展的角度来看，个体奋斗、群体奋斗和民族奋斗，都存在一定程度上的局限和不足。因为和社会整体比较起来，个体、群体和民族都存在奋斗的主体。如果奋斗主体能力差距过大，就可能会造成社会巨大的差距和发展不平衡。一个简单的例子是社会贫富的差距，比如发达国家和发展中国家，就在经济发展、生活水平等方面都存在差异的鸿沟。

构建人类命运共同体，就是把人类视为一个整体，希望全世界人民通过不懈的奋斗，填平发展鸿沟，促进世界平衡。这种求同存异、共生共荣的全民奋斗方式，抓住了发展的"最大公约数"，得到了越来越多人的积极响应，也正在成为推进世界进步重要能量。

第十一章　知识驱动型的奋斗时代

人类社会历经的多次技术革命背后都有不同的驱动力。农业革命时，体力是主要驱动力；工业革命时，工具发明成为驱动力；信息革命时，技术应用和信息加工成为驱动力。在当下及未来，知识将成为推动社会变革的强大驱动力。

培根将知识与力量相挂钩，一句"知识就是力量。"一语道出了知识的重要性。知识的力量被前所未有地开发。人类的创意搭载知识的双翼，铸就了时代的新鲜力量。知识驱动型的奋斗时代来了。

第一节　知识社会以创新为核心

人类社会的进化与发展史，就是一部知识的累积史，两者相辅相成。因此，知识的演进历程也在塑造着人类的文明。从第一个直立行走的智人到制造工具，到火的使用，人类在不断发展中积累经验。但在远古时期，人类社会进步的关键驱动力仍旧是体力与经验的结合。那时，知识尚在经验的襁褓中，还未过多崭露头角。

但随着人类逐渐跨入农耕文明、工业文明、信息文明，人之所造都是人类智慧发展的结果。站在前人的肩膀上开创未

奋进的印迹

来，基于累积的知识创造时代，成为推动人类快速发展的动力。思想、技术、知识与文化的代代传播，最终形成如百川入海般的强大能量。

人类在这三个时期将知识应用于耕作和发明机器，并推动了生产力革命。但这时的社会变化，主要还是与能源、劳动力等因素紧密相关。随着物质文明、知识的不断积累，"肌肉"的作用进一步淡化，人民的受教育水平与经济、社会发展干系紧密。在很大程度上，知识成为推动社会进步的主要动力。管理大师彼得·德鲁克曾说过，知识的生产率将日益成为一个公司、行业，乃至国家竞争的决定性因素。

自20世纪中叶开始，信息技术开始迅猛发展，若人们要紧跟时代，信息素养也必须随之提高，因此人们对知识的依赖性越来越强。这造成了怎样的后果呢？创新逐渐成为高知识积累群体才能完成的工作，无形中形成了创新的门槛与应用的壁垒。

如今，信息鸿沟逐渐缩小。信息产生、加工和传递在极短时间内便能完成，每个人都能传播和接收信息。教育的普及与知识的便捷易得等条件，推动我们进入知识驱动时代。

创新是当下异常鲜明的特点之一。创下中国载人深潜新纪录10909米的"奋斗者"号潜水器，就是新时期创新力量的代表。它坐底的马里亚纳海沟，是地球上已知的海洋最深处，深达11000米。在"奋斗者"号之前，中国的深海利器"蛟龙号"最深潜水深度为7062.68米，而要实现万米坐底的目标，必须超越"极限"发展创新技术。"奋斗者"号从球形载人舱材料创新，到加工工艺的突破，再到焊接思路的开创等方面，全身上下无一不超越已有的"国创"技术，它们都是知识创新和技术创新的创新型驱动奋斗。

在知识创新成为核心生产要素的当下，各大国和强国都在各领域抢先进行新技术探索，唯恐失去发展的先机。新时期的奋斗者，在创新能力上面临着前所未有的挑战，也有着前所未有的机遇。是引领时代，还是被时代抛弃，都在一线之间。

第二节 知识社会以学习为关键

人类的知识是在前人基础上代代累积、更迭的。从原始时期走至信息技术时期，漫长时间长河中，人类的知识文化不断累积。在此过程中，每一次新知识的迭代产生，都意味着社会生产力的进步和革新。列夫·托尔斯泰曾说，人类的正确道路是在吸收前人所做一切的基础上，再不断往前推进。

《第三次浪潮》的作者阿尔文·托夫勒也曾说："21世纪的文盲，不再是那些不能读和写的人，而是那些不能学习、不能归零和不能重新学习的人。"[1]

新时期的学习，强调的是一种转化和筛选的能力。新时期是知识井喷的时代，各种新发明、新事物层出不穷，知识更

---

[1] ［美］阿尔文·托夫勒. 第三次浪潮[M]. 黄明坚译. 北京：中信出版社，2006.

奋进的印迹

新迭代的速度让人震惊。自18世纪以来，人类社会知识更新的周期不断缩短，尤其是20世纪90年代后，知识更新的速度从18世纪前每90年左右翻一番，加速到3到5年翻一番。人类社会近50年来创造的知识，甚至超过了过去3000年所创造的总和。[①]

学习是一场终生修行，而不应局限于学校教育。你可以离开学校，但你不可以离开学习。新时期是奋斗者的时代。所谓奋斗从来不是空喊口号，而是有方法有方向地朝着一个目标进发。学习，便是武装自身头脑的关键武器。

少知而迷、不知而盲、无知而乱，每一个人都身处时代大变化、大创造的洪流中。只有坚持终生学习，才能在时代浪潮中把握优势、赢得未来。

新时期是全民学习的时代。在不同年龄层的群体中，处于知识生产与接收的前沿、推动社会发展的主力军正是青年一代。一代人有一代人的征程，一代人有一代人的使命。不论奋斗者精神在各个时期的特征和表现有何差异，但其核心总是不变的。只要新时期的奋斗者以知导行、以行致知、勇往直前、迎难之上，就能凝聚起推进时代进步的磅礴力量，激荡出民族复兴的伟大气象。

---

① 赵渊杰. 人民日报思想纵横：持续提高科技进步加速度[EB/OL]. [2019-07-25]. http://opinion.people.com.cn/n1/2019/0725/c1003-31254435.html.

第十二章　新时期是移动的靶心

在射击比赛中，有一个项目叫移动靶射击。移动靶，顾名思义，就是说靶心是移动的、不固定的，如同飞禽走兽一般。这一射击项目，需要射击手在限定区域中、极短时间内对移动的目标进行跟踪射击。这种射击方式，对射手的思维敏捷程度、反应速度、判断能力都有极高的要求，是射击比赛中最具考验性的项目之一。

我们所处的新时期，就如同移动中的靶心，具有很强的不确定性。太多的变数和未知，让我们无法预见结果。我们越来越意识到，如今不是一个躺赢的时代，而是要跳起来摘桃子的时代。

第一节　新时期具有不确定性

回顾历史，人类发展至今经历了远古、农业、工业等几个大的阶段。每一个时代，都有其奋斗的主调。每一个时代的奋斗者也都有他们的使命和目标。远古时代的奋斗目标是生存，农耕时代则是温饱，到工业时代则变化为技术改革。

总而言之，人类走过的每一个时代都有主要的方向。如今进入新时期，一切都处于巨变之中，经济发展速度加快，政治局势变化大，文化创作更是满世界开花。新时期便如移动的靶心，我们需要在不断变化中找寻目标、一击即中。

这种变化和不确定，可以用物理学中的"熵"[1]来解释。在一个系统中，结构越简单统一，变化的可能性就越低，熵值越小；结构越复杂，就越有可能产生新的形态，熵值越高。从有序变化为无序，就是熵增，而从无序变化为有序，就是熵减。

新时期人们处于巨变之中，因此，熵增也是一种常态。新时期奋斗者需要对抗的，就是时代以及熵增的不确定性。心理学家丹尼尔·卡尼曼谈到此现象："当危机发生后，我们自以为能够理解危机发生的原因，并且坚持某种幻想认为这个世界是可以被掌控的。实际上，我们该接受这样的事实——多数情况下，世界万物是令人费解的。"[2]

人类的认知都是随着时间慢慢拓宽的，不确定性本来就是一个普遍的规律。但是在新时期，这种不确定尤其剧烈。在新时期，计划似乎已赶不上变化。我们只能在一片大雾中前行，摸着石头过河，没有引路人，也没有指南针。

新时期的不确定性，已经深入到各个领域，哪怕是我们已经认定的客观真理，也有被打破的可能。这种打破其实在以前的时代就有体现。爱因斯坦之前，牛顿对时空的言论被视为

---

[1] 熵：科学技术上泛指某些物质系统状态的一种量度，某些物质系统状态可能出现的程度。

[2] ［美］丹尼尔·卡尼曼. 思考，快与慢[M]. 胡晓姣、李爱民、何梦莹译. 北京：中信出版社，2012.

物理学界的金科玉律，而爱因斯坦对时空的新研究，打破了牛顿理论的权威。在新时期，像这样打破权威的事件数量更多，速度也更迅猛。新理论的建立，能用月份来划分。

经济学中有一个词语叫"黑天鹅"，用以描述不可预测的重大事件。这一说法源于一个有趣的现象：17世纪前的欧洲，人们一直深信，世界上所有的天鹅都是白色的。直到1697年，探险家在澳大利亚发现了黑天鹅，彻底颠覆了人们固有的认知。典型的黑天鹅事件包括美国的次贷危机、"9·11"事件等。如今，不确定性随处可见，更是一个黑天鹅频现的时代。

以商业竞争为例，大约一百年前，国际巨头公司开始兴起，那些赶上技术革命浪潮的企业，轻轻松松也能在浪尖顺顺当当地漂十年二十年，直到下一波技术浪潮兴起。但是21世纪，谁也不能保证在三年中稳坐行业的头把交椅。

巨头们从叱咤风云到销声匿迹的例子，屡见不鲜。其中最耐人寻味的，当属诺基亚的陨落。在智能手机刚刚推出时，很多人只是把它看作传统手机的补充。占据行业龙头地位的诺基亚也判断失误，认为智能手机只是经营的不确定性，并不把它放在眼里。没想到，正是这种不确定性迅速崛起，把诺基亚拍在了沙滩上。

新时期的不确定性有增无减，每个人都有被颠覆的危机。这是以前的时代从未有过的挑战。今天，打破常规、打破传统，在不确定中寻找确定的机会，成为更多人前进的方向。

奋进的印迹

第二节　在不确定中把握确定

《圣经》中有句名言："日光之下并无新事。"当我们强调变化多发时，也必须意识到事物的发展规律有一定脉络可循。正是如此，有人说我们今天所走的路，是前人们也曾走过的道路。

变化再剧烈，也有大的趋势。在不确定中，仍然有确定的蛛丝马迹。把准时代的脉搏和趋势，是新时期奋斗者的难题和挑战，也是职责和使命。

人类社会发展的趋势，从进化开始就已有所体现。后一个时代都是前一个时代的进化趋势。比如青铜时代，是石器时代的趋势，而铁器时代，又是青铜时代的趋势。层层递进，一直到今天，信息文明中也在酝酿新的发展趋势。我们现在享受的每一刻，都是前一刻生活的趋势。

新时期的浪潮所往，就是趋势所往。要准确分析浪潮的方向，就要及时刷新自己的认知，避免犯经验主义错误。

值得一提是，我们虽然可以试着去把握时代的趋势，但也不能把自己禁锢其中。时代的未知性可能是危机四伏的荒漠，但同时也代表了另一个春天。

哥伦比亚大学生物系教授、神经学家斯图尔特·法尔斯坦曾说："作为科学家需要对不确定性持有信念，在神秘中寻找乐趣。"[①]在科学探索和发现的过程中，未知给了科学家想象的空间与钻研的动力。

这和不确定性对于新时期奋斗者的意义相同。诚然，新时期的不确定性虽然代表着变动，但也意味着有更多的创新和机遇。如果一个时代周期死气沉沉，如同铁板一块，也就说明这个时代失去了变化和发展的空间。因此，对于新时期来说，不确定性可能会变成下一个时代的节点，而能抓住它的人，就是在嘈杂中仍然能精准瞄靶的人。

---

① ［美］斯图尔特·法尔斯坦. 无知，它怎样驱动科学[M]. 马百亮、施逢杰译. 上海：上海辞书出版社，2015.

第十三章　从竞争到竞合的时代

从某种程度上,我们可以说,竞争是人类的本能。达尔文的进化论就以不争的事实告诉我们,人类是自然界优胜劣汰的产物,是竞争的本能驱使着人类不断奋斗。

过去,人类奋斗的表现通常与竞争挂钩。从原始社会的弱肉强食,到部落成立、领土划分,再到资源争夺甚至是世界战争,竞争始终贯穿在人类的奋斗史之中。但是这种丛林法则式的竞争非死即伤,一方面塑造着人类的文明,一方面也在摧毁文明。

新时期,人们转换道路,在竞争中引入合作,由此开启了竞合道路,以求资源利用的最大化。从竞争到竞合,是新时期奋斗者精神的一个鲜明表现。

第一节　新时期的奋斗是竞争与博弈

从人类历史发展的角度来说,竞争是必然的。人类如果没有竞争意识,可能早就不复存在。尽管竞争让人类变得更强大,但问题在于人类文明发展起来后,竞争又带有向外扩张的性质,因此产生了战争和掠夺。

历史上的奋斗者,因利益而争夺,为竞争写下成千上万个注脚。比如前文所讲的物种博弈、大国崛起时轮番上演的国家竞争等。

大国崛起式的竞争方式，和战争、烽火、成败息息相关，总是带有"伤敌一千，自损八百"的意味。这种博弈的方式，和近代数学史上的一个词语——"零和博弈"很相似。

零和博弈由西班牙数学家冯·诺依曼最先开创，是指在一场游戏中，参与者中必有一输一赢，一正一负，游戏的总成绩永远为零。正所谓"彼之所得必为我之所失"，胜利者的荣光背后往往隐藏着失败者的心酸与苦涩。奥运会上各种项目的博弈，就是典型的案例，双方基本不存在合作的可能。

零和博弈的游戏影响深远，不止在于棋局和球桌。实际上，从古至今，从个人到国家，从政治到经济，无一不验证了整个世界都是一个巨大的零和博弈场。这种博弈双方总成绩为零的博弈论认为，世界是封闭的，资源是有限的，当一部分人的资源增加时，必然意味着对其他人的掠夺。

在商业竞争中，零和博弈的"你死我活"尤其体现得淋漓尽致。进入21世纪以来，电商零售在中国兴起，"价格战"这个词逐渐开始从经济学者的著作里走到寻常百姓的口中。价格战的核心竞争思维带有强烈的排他性，是典型的零和博弈模式。卷入价格战的双方，如果要赢得市场竞争，销售价格就必须比竞争对手低，靠低价迅速提升销量抢占市场，进而击垮竞争对手。

苏宁与国美在家电市场上的厮杀尤为惨烈，甚至用血雨腥风来形容都不为过。作为家电零售的巨头，苏宁、国美自2005年到2008年一直处于"敌对"状态。

在这场恶战中，国内家电连锁产业一度处于一个恶性循环：首先要实现低价销售，就必须拼命压低上游厂商的供货价格，众所周知，想要在供货商处享受更低的价格，一定是进行大规模的集中采购。再者，布置足够多的网点为货物提供销售渠道，最后货物的定价与竞争对手相比，还必须具有价格的优势……

一场一场硬仗打下来，经销商们逐渐出局，市场逐渐流失。苏宁和国美两败俱伤，反让互联网线上销售渔翁获利，最后"为他人作嫁衣裳"。

二者竞争的初衷，是为了让自身快速发展，而非置对方于死地。但这场竞争的结果，却背离了当初的目标。在新的时代环境中，曾经同领域内的竞争者如同一山不容二虎，如今却有抱团发展的现象，由此可见，人们对竞争有了新的理解：你死我活，成王败寇逐渐被新的发展方式——竞合，所代替。

这种新的竞争思维，不仅能避免竞争双方的正面冲突，让正面成绩超过负面影响，还能变对手为帮手，让有限的资源发挥出更大的价值，让参与这场游戏的人可以更多地分享彼此的资源，更快更有效地开发新市场、维持老客户，提高产品的市场占有率而达到利益互补。

第二节　新时期的竞合关系是共生共荣

什么是"竞合"？

这一概念最早在20世纪90年代中期提出。提出者拜瑞·内勒巴夫和亚当·布兰登勃格认为："创造价值是一个合作过程，而攫取价值自然要通过竞争，这一过程不能孤军奋战，必须要相互依靠。企业就是要与顾客、供应商、雇员及其他相关人员密切合作。"[1]简单来说，竞争与合作构成了一个可循环的整体竞争环境，各方在其中既有合作，又有竞争。

"竞合"最先是一个商业的概念，其着眼点在于把产业蛋糕做大，这样参与方就能分到更多蛋糕。当今时代和社会的很多现象，都可以用竞合概念解释。

和平与发展依旧是当下时代发展的主旋律，各国之间的关系可以理解为竞合关系——共生共荣，一起发展，为构建人类命运共同体添砖加瓦，走向美好明天。这是新时期奋斗者精神比较显著的特征之一。

在经济全球化背景下，各国不再建造"独立的烟囱"，而是一起将烟囱的底座全部打通，走向分工与合作。一架波音747-8型飞机的600万个零件，来自世界七十多个国家的五百多家生产供应商。其中，有中国供应商制造的内襟翼，新加坡供应商制造的舱门，日本供应商制造的飞机机身、机门和机

---

[1] 本刊编辑部. 企业竞合之道[J]. 现代商业，2014（14）：1.

奋进的印迹

翼,还有意大利供应商制造机的翼阻力板……零件在世界各地生产好以后,再统一运送到美国进行组装和试飞。

值得一提的是,在波音747-8型飞机的零件供应商中,西安飞机工业(集团)有限责任公司、成都飞机工业(集团)有限责任公司和洪都航空等多家中国供应商是不可或缺的重要力量。对于中国航空制造业来说,波音公司已经成为最大的外国客户。而对于波音公司来说,中国航空制造业的影响力也越来越重。早在2012年,全球各地就有6000架波音飞机装有中国制造的零部件。[①]

这是一场全球范围内的合作之旅,也是新时期奋斗者精神的体现。人们越来越意识到,共生共存、一荣俱荣打造更加优质的产品,是如今的发展之道。

以华为为例,这个中国民营企业的标杆,在近20万员工的不懈奋斗下,处于世界高科技企业领先地位。人人都羡慕华为今天所取得的成就,但很少人知道它曾经走过的曲折道路。华为坚持以奋斗者为本,在员工与企业之间形成了共生共存的发展关系,即通过财富分配计划体现,激发了华为员工的狼性精神,绑定企业与员工的关系,从而向外界展示了其强大的竞争力。

在农业领域,竞合的理念早有萌芽。20世纪90年代,一家叫温室计划的创业公司横空出世。那时在中国,互联网还

---

① 第一财经. 波音中国产业链:6000架现役飞机有"中国制造"[EB/OL].[2014-03-21]. https://www.yicai.com/news/3611738.html.

是个新鲜的概念，但是这家企业却开创了"公司+农户"的商业模式，让县里的农户都跟着它一起做养殖，竟逐步成为全中国最大的养殖公司，其养猪数量一度逼近全球第一。值得一提的是，温室计划获得如此成功，离不开其背后的商业模式——公司与农户共生，农户与农户竞合。全新的农业企业创新模式，在公司自身壮大的同时，也为中国农业发展开辟了道路。

在更多领域，竞合理念已经生根发芽。竞争之中有合作，合作之中有竞争，良性发展模式逐渐成为如今推动社会发展的一大引擎。

总体而言，新时期的奋斗者精神呈现出美美与共的状态。从竞争到竞合，这一极具时代标志性的奋进方式将会产生巨大的力量，即实现双赢的非零和博弈。

奋进的印迹

第十四章　提速到增量是社会发展的共性

农业社会抑或是工业社会都有其发展共性：如果要推动社会进步，几乎不可避免会消耗资源，进一步就会对环境造成影响。

比如，19世纪的英国名著中常常出现雾都、阴暗等词汇，反映出当时英国伦敦严重的空气污染。不只是英国，全球范围内追寻快速发展的国家，几乎都对生态环境造成过影响。

时代不断变化，如今人们正在转向高质量、高效益的发展模式。一个共识逐步达成：新时期奋斗的核心，不在于快速地创造物质财富，而在于人与自然的和谐发展。高效、创新、绿色，正在成为新时期奋斗者的关键词。

第一节　从人类活动痕迹看奋斗轨迹

自人类诞生之际，就在主动或被动地改造着自然。原始社会时，采集和渔猎活动虽然对自然影响范围较小，却依然改造了地球的表面。比如采集活动影响了树木的生长，火的使用改变了大气环境。

当农业文明出现时，地球上开始有了耕地和畜牧场。这一时期，人类创造出犁、铲类的生产工具，对自然环境的改造能力大大增强。为了获取耕地、修建房屋,人类砍伐和毁损了全球陆地上大约1/10的树木和草地。[①]这一数据并非耸人听闻,而是人类发展史上的确切证明。耕地开辟后,手工业和冶金技术随之诞生,人类对于森林资源、矿产资源、水资源几大必备资源的开发进一步加深。

农业时期,人类的奋斗轨迹比较活跃,并且发展农业在一定程度上改变了地球的表面形态。但这一时期,人类主要还是"靠天吃饭,量地求财",生存主要利用天赐的资源,因此并没有对自然环境造成动摇根本的影响。

工业革命以来,机器的广泛运用让人类的生产力水平大大提高。火车、汽车、飞机,无数的发明和创造在极短时间内涌现,迅速改变了人类的生活状态,也使人与自然的关系变得疏远。尤其是在19世纪电力发明后,科技万能论应运而生,促使人与自然的关系进一步对立。毋庸置疑的是,工业文明的进程下,人类社会在不断攀登。但同时,这也干扰了自然运行的规律和生物圈内的有机联系。

1962年,美国作家蕾切尔·卡逊从生态学的视角,在《寂静的春天》中提出了现代生态学的污染问题,农药和化肥污染在使人触目惊心的同时,也给人当头一棒。人类经过数代努力才迎来工业文明时期,但最终却让生态付出了巨大成本。就这一角度而言,工业发展高歌猛进的时期,却正是奋斗

---

① [美]大卫·克里斯蒂安. 时间地图[M]. 晏可佳、段炼、芳云芳、姚蓓琴译. 北京:中信出版社,2017.

奋进的印迹

效应最低的时期。

当环境问题成为人类发展进程难以忽视的问题时,人类逐渐意识到转换发展模式成为当务之急与百年大计,只有如此才能做到可持续发展。

值得一提的是,在整治环境方面,人类已经做出过颇多努力。比如,建立退化农田生态系统,缓解农田荒漠化问题;建立人工草地和人工森林生态系统,解决水土流失问题。

人类发展的盛大图景中,生态只是其中的一个切面。但在一味强调提速的时代,生态环境受到的影响却尤其大。如今,我们进入从提速到增量的时代,一种更为优质科学的发展道路应运而生。

第二节　新时期奋斗要转换发展模式

"那是一种沁入人心深处的黑暗,是一种铺天盖地的氛围。"[1]这是狄更斯在《荒凉山庄》中描绘伦敦大雾的场景。众所周知,英国作为乘坐工业革命东风发展起来的强大国家,尝到了一味追求发展速度的反噬——重度雾霾对环境、当地人身心等造成了巨大伤害。

新时期是绿色发展的时代。依靠传统资源消耗发展经济的时代已经过去,开发新能源的时代已经来到。我们不再以牺

---

[1] [英]查尔斯·狄更斯. 荒凉山庄[M]. 黄邦杰等译. 上海:上海译文出版社,1998.

牲自然生态环境而换来社会的发展，而是在尊重、保护自然的基础上，塑造人与自然共生的新格局。

新时期的奋斗是知识型驱动的奋斗。相比煤炭、石油、天然气等传统能源，知识作为一种智能资源，对新时期发展有巨大的推动力。同时，智能能源和新能源的获取和开发，不再是简单的攫取，而主要依靠科技力量突破关键技术，实现知识为绿色发展赋能。

如今，世界各强国和大国，纷纷抓住绿色发展的机遇。在科技助力下，太阳能、风能、氢能源、海洋能、生物质能等清洁能源在越来越多的领域得到开发利用。以太阳能开发为例，从20世纪人类开始研究太阳能技术以来，太阳能光伏发电实现了快速发展。截至2020年，世界上已建成了10多万兆瓦级光伏发电系统，6个兆瓦级的联网光伏电站。[①]太阳能生产规模增加，替代了许多产业的传统能源，进而降低了对自然环境的破坏，提高了发展质量。

当下的世界范围内，产业结构的调整和升级也在如火如荼地展开。而在这一方面，中国的奋斗轨迹极具代表性。从工业化的中下游，到位居现代科技发展的前沿名次，中国正在经历全面而彻底的转型之路。

提档降速、结构优化、动力转换，稳中求进、稳中有为，是中国新时期发展行稳致远的表现。改革开放是中国经济

[①] 新能源网.解决能源危机,发展新能源成了大势所趋[EB/OL].[2020-07-20]. http://www.xny365.com/news/article-202584.html.

高速增长的东风，让中国在千禧之年的头十年，迎来经济高速发展的黄金时期。黄金十年内，中国的奋斗者创造了世界经济追赶史的奇迹，GDP总量一路赶超欧洲发达国家，树立了中国经济发展进程中的里程碑。截至2010年，中国超越日本，一举成为全球第二大经济体。

然而，这样高速的发展也有潜藏的风险和危机。中国有句古话说："祸兮福所倚，福兮祸所伏。"从改革开放到2010年，在中国经济追赶式发展的30多年中，大多是依靠消耗资源、牺牲环境为代价的粗放型增长方式。在接下来几年的发展中，中国经济增速放缓，不断打破8%、7%的增长底线。中国也意识到，过去几十年不可持续地经济增长的方式已经到了难以为继的地步。中国必须从依靠要素投入数量的外延式增长转向全要素生产率提高的增长模式。

至此，中国的经济发展模式经历了从追求速度、数量到科技创新、结构优化、质量提升的转换。

与此同时，面对更复杂的新时期课题，经济新常态下的中国正在推动质量变革、效率变革、动力变革三大变革。

其中，动力变革是质量变革与效率变革的基础。新时期的发展要求我们打破资源环境的硬约束，把创新作为取代传统要素驱动模式的新动力，将以往注重高速增长所造成的洼地一填平，为高质量发展打造坚固的底座。我们越来越意识到，如今不再是唯快不破的时代。奋斗者的贡献不在于速度，而在于质量。从提速到增量，科学、绿色、健康的发展方式，成为新时期奋斗者精神的内核之一。

第四篇　奋斗者的实践

第十五章　一带一路是砥砺奋进之路

　　奋斗贯穿于整个人类的实践活动之中。翻开新时期波澜壮阔的画卷，第一眼看到的总是奋斗者留下的路径和足迹。如今身处新时期，奋斗者的印记依旧不少。其中，"一带一路"的硕果尤为亮眼，完美印证了奋斗者的实战之旅。从2013年"一带一路"的首次提出，到2021年1月30日，中国与171个国家和国际组织，共同签署了205份共建"一带一路"合作文件。八年以来，"一带一路"重大项目相继落地开花，吉布提国际自贸区、亚吉铁路、肯尼亚蒙内铁路、雅万铁路……一项项辉煌的成就，是中外奋斗者们联合一心，在干劲、钻劲、闯劲共同作用下创造的奇迹。

　　从愿景到行动，"一带一路"倡议集中体现了新时期的奋斗者精神。穿山越海，穿草过林，不怕周期迷雾的遮蔽，"一带一路"建设者们坚持勇往直前、一跑到底。修桥铺路，引水供电，克服重重阻碍，跨过千难万险，"一带一路"建设者们始终以合作共赢为目标，把全民奋斗当作主心力量。奋斗者创造历史，追光人书写未来。"一带一路"是共同梦圆之路，亦是砥砺奋进之路。

奋进的印迹

第一节　戈壁中崛起的吉布提

"一带一路"涉及一百多个国家和国际组织，为什么要说吉布提共和国（简称吉布提）的崛起？实际上，虽然吉布提并非"一带一路"倡议首倡之地，也不是"一带一路"成果最为丰硕之国。但是从年人均收入300美元飙升到2700美元，这个东非小国的经济增长奇迹，却完美契合了"一带一路"项目落地开花的奋斗旅程。从缓慢发展到快速跃升，吉布提的变化始终贯穿着建设者脚踏实地的专注和持续探索的执着。

严格来说，吉布提并不是被上帝眷顾的国家，它气候炎热、面积狭小，全国90%的土地都是戈壁荒漠，不适宜耕作，经济模式原始落后……种种条件叠加，都注定吉布提的发展基础薄弱。好在天无绝人之路，虽然吉布提物产稀缺，但其地理位置却十分优越，扼沟通红海和印度洋的交通要冲曼德海峡，是西欧、北非水路前往南亚的必经之地。

吉布提加入"一带一路"朋友圈后，中国的建设者们就从基础设施建设和助力经济发展两方面开始布局，帮助吉布提走上崛起之路。

"沸腾的蒸锅"，这是阿法尔语中吉布提的意思。它异常契合这个国家终年炎热少雨的焦渴感。吉布提的淡水资源紧缺，属于世界上缺水最严重的国家之一。因为面积狭小，境内没有常年流水的河流，吉布提95%的饮用水都取自受过海水侵蚀的地下水，人饮用后易患病。

饮水问题，一直制约着吉布提的发展。打破水源魔咒，是助力吉布提发展的首要任务。2015年，中国、埃塞俄比亚、吉布提三国联合启动了一项伟大的工程——向"东非水塔"埃塞俄比亚寻找水源，跨境输送到吉布提。

埃塞俄比亚—吉布提跨境供水工程，由中国提供技术方案，埃塞俄比亚提供水源，吉布提提供建设人力，是三国人民共同奋斗的实践成果，也是典型的合作共赢实现圆梦之旅。没有中国调水方案的成熟经验，没有邻国埃塞俄比亚的慷慨，没有吉布提工人吃苦耐劳的精神，跨境供水项目要从构想走向现实，恐怕只是天方夜谭。

尤其值得一提的是，中国成熟的调水方案在调水工程中起到了决定性作用。埃塞俄比亚地势绵延复杂，输水路线要翻越几处高山。把水从低处引向高处，面临极大的技术挑战。吉布提无法完成技术攻关，中国的施工组帮助其突破定式思维，以过硬的施工技术攻下了输水过程中的难题。

此外，从项目正式启动开始，中国项目团队就与吉布提的工友并肩作战。经过800多个日夜奋战，团队在管材制造、运输、仓储、安装等环节进行精准把控，并相继克服三级提升、五级降压等重重困难，才将300多公里的管线修建完成，使项目顺利竣工并移交使用。在整个建设过程中，贯穿始终的是建设者的韧劲和拼劲。咬定青山不放松，任何一个伟大工程的背后，都有汗水在滔滔浇灌，都有一群百折不挠的人在开创崭新的局面。

埃塞俄比亚—吉布提跨境供水工程大大缓解了吉布提饮

奋进的印迹

水的困难，带领吉布提走出了制约发展的魔咒圈。

此外，吉布提虽然耕作资源有限，但其地理位置十分优越，海运四通八达，港口运输在其国民经济中占重要地位。吉布提港也是东非重要港口之一，但吉布提政府没有管理经验，并未将港口的最大优势发挥出来。"一带一路"港口项目签约成功后，中国聚焦吉布提优越的地理位置，基于中国的成功方案，帮助其打造国际自贸区。

在国际自贸区建设过程中，项目团队克服了高温、原材料供应匮乏、工期短、施工难度大等重重困难，用四年时间帮助吉布提将原本落后的小渔港，打造成一个世界级港湾，在砥砺中尽显"拓荒"本色。

首先是高温建设环境的"烤"验。吉布提所处的位置是世界上最热的地区之一，4月至10月，吉布提热季的平均气温都在37摄氏度以上，而最高的温度可以达到50摄氏度。要在这样的高温环境中工作四年，对建设者的身心考验极大。其次，吉布提因为国土面积狭小，生活生产资源极度匮乏。匮乏到国际自贸区项目涉及的几乎所有物资，都需要从国外进口。

建设者在克服原材料供应难题的同时，还要进行现场施工和临时办公生产生活设施同步赶工。在没有办公和住宿条件的情况下，建设人员在简陋的集装箱板房进行办公兼住宿活动，10多名一线管理人员克服艰苦的生活条件，坚守建设现场一个多月，才终于完成项目部办公生活区的临设搭建。

与此同时，吉布提地质条件复杂也为施工增加了难度。

自贸区现场的下层主要为强风化玄武岩的特殊地质，较脆弱，易坍塌。这种特殊地质，让原本基础简单的管沟开挖都变为了制约整个工期的关键工序。近一半的管沟，需采用爆破开挖加镐头机修整边线及基底的复杂施工方式，效率仅有开挖普通地质土基管沟效率的十分之一。为突破瓶颈，项目组紧急增加钻孔设备，24小时不间断超常拼搏、昼夜奋战，终于实现每天600米的管沟开挖进度，为后期施工步骤奠定了坚实基础。

拉长国际自贸区项目来看，奋斗的力量贯穿于整个建设脉络之中。面对前所未有的挑战和困难，建设者并没有临阵退缩，而是用实际行动刷新了"吉布提速度"，将奋斗者宣言落实到了一点一滴。

亚吉铁路，也是"一带一路"中的亮眼成就。亚吉铁路横跨752.7公里，连接着埃塞俄比亚和吉布提两国的首都，是两国间强劲的经济动脉。埃塞俄比亚是内陆国，90%以上的进出口物资都要经过吉布提港。但两国之间原本只有一条公路，货物运输大约需要7天时间，成本极高。

亚吉铁路的开通，为两国物资运输打开了新的局面。其实，当埃塞俄比亚政府提出要修建一条电气化铁路时，瑞士、澳大利亚的专家都认为埃塞俄比亚基础设施太差，不可能完成这一任务。况且，亚吉铁路还要从海拔跨度零米的港口提升到平均海拔超过2500米的埃塞俄比亚高原，电气化铁路建设难度更拔高了一层。

但是中国建设者们主动联系埃塞俄比亚政府，承担了亚吉铁路修建项目。面对这一不可能完成的任务，中国的建设者以昂扬的斗志投入施工中，逢山开路，遇水架桥。从项目正式开始施工到建成通车，仅用四年的时间，就为两国人民提供了一条友谊之路、民生之路和繁荣之路。就这样，以前走公路需要的7天时间，被缩短为了10个小时。

这样跨越式的发展成果背后正是实干苦干的精神在支撑。走过漫长甚至黑暗的攻坚时期，中国建设者们再次用实际行动为世界创造了铁路建设的奇迹，也为吉布提和邻国埃塞俄比亚带来了新的发展机遇。

第二节　肯尼亚的交通翅膀

作为"一带一路"地图上的标志性工程，蒙内铁路是"一带一路"最为辉煌的实践成果之一，更是中外建设者群体奋斗的结晶。

东抵东非第一良港蒙巴萨，西至肯尼亚首都内罗毕，蒙内铁路作为肯尼亚独立以来最大的基础设施工程，在构想之初，就被赋予了促进铁路沿线城市经济发展重要引擎的使命。可以说，这是一条通往肯尼亚发展的未来之路，它在"一带一路"倡议的机遇中发芽，更在"一带一路"行动的实践中挺拔生长。

蒙内铁路建设发芽的契机，来自"一带一路"倡议和2015年中非合作论坛约翰内斯堡峰会，而挺拔生长的肥料，则来源于四年不间断的长期耕耘。从蓝图到现实，中国建设者们在一千多个建设的日日夜夜中，克服了复杂地质环境和严苛的生态要求，最终使肯尼亚人民的出行方式发生了跨越式变化。

在蒙内铁路之前，人们若要从蒙巴萨坐火车到内罗毕，只有选择一条始建于1896年的米轨铁路（轨距为一米）。但是因设备老化，年久失修，米轨铁路平均时速只有22公里，其承载力远远无法满足蒙巴萨港的发展需求。尤其蒙巴萨港作为非洲东部最大港口，拥有17条国际航线，与全球近百个港口保持业务往来，是东非货物进出的重要咽喉港口，但由于米轨铁路运力不足，货物更多要依靠公路运输，这在一定程度上制约了蒙巴萨乃至肯尼亚的发展。

蒙内铁路的修建势在必行。但人们所面临的问题也接踵而至，蒙内铁路线的地形地貌十分复杂，涵盖丘陵区、高平原区、岩熔流区、中低山区和高原区，并且经过了世界著名的东非大裂谷东部，多坑洞、膨胀岩土和松软土等不良地质。建设者面对复杂地质的施工环境，既要突破技术壁垒，但同时，也要兼顾生态环境。内罗毕是世界上极少数拥有自然保护区的首都之一。蒙内铁路沿线所穿越的区域内自然生态环境都异常珍贵，其中包括肯尼亚最大的野生动物保护区——察沃国家公园。因此除复杂地质环境外，蒙内铁路沿线还面临生态保护极其严格的施工要求。

面对建设道路上的拦路虎，中国施工者们以敢为天下先的勇气，涉险滩、啃硬骨头，和肯尼亚参与建设的超过300家企业和1200多家本地供应商一起，经过四年并肩奋战，终于将蓝图铺展为现实。

奋进的印迹

建成后的蒙内铁路，每列火车可达4000吨载货量，可运载108个标准集装箱，最高时速为80公里；每列客车可载乘员1096人，最高时速达120公里。[1]这与以往陈旧的米轨铁路相比，铁路交通得到优质的提升，不仅重新书写了肯尼亚的交通历史，同时也为铁路沿线城镇经济发展带来了活力。

值得寻味的是，早在1421年，中国明代航海家郑和下西洋时，就曾到达东非海岸慢八撒（今蒙巴萨），铸就了古代海上丝路的光辉篇章。而将近600年后，当"一带一路"倡议下的机遇与历史相对照，古今呼应间，充分说明不论过去还是现在，奋斗者的实践都成就了历史的坐标。无论时间如何流转，奋斗的力量都是助推时代发展的助推器。

蒙巴萨作为肯尼亚第二大城市、东非第一大良港，其战略地位深受肯尼亚政府重视。但随着肯尼亚石油进口量增大，蒙巴萨港的吞吐量并不能满足原油进口需求。基于此，中国交通建设集团有限公司（简称中国交建）承建蒙巴萨新石油码头。为保证2021年年底前交付使用，中方和当地员工在高温下，克服新冠疫情困难，加班加点推进进度。

关于码头建设，中国交建曾在纳米比亚鲸湾有成功实践，可进行适当的经验复制。鲸湾码头项目包括集装箱码头和油码头两部分，从2014年项目开工，到2019年移交使用，经过5年时间磨炼，才最终成就了这一地标性工程。

---

[1] 商务部研究院. 共同梦想"一带一路"故事丛书[M]. 北京：人民出版社，2019.

而要打造这一项地标性工程，绝非易事。尤其是鲸湾处于纳米比亚西海岸，地层孔隙率大、密度低、易沉降的特殊硅藻土地质，加大了建设难度。在建设过程中，为了保障建设安全，来自30个国家的100多名专家组成团队攻坚克难，解决了这一困难，为后期建设打下牢固的基础。最终在多方的支持下，鲸湾从纳米比亚一个渔港转变为国际市场的物流枢纽。

和鲸湾一样，蒙巴萨石油码头的建设之旅也将是一场攻坚之旅。但是当这一超级工程竣工之日，它必将成为"一带一路"地图上新的亮眼地标，也必定会助力肯尼亚驶入飞速发展的新时期。

第三节　进击的印度尼西亚

印度尼西亚（简称印尼），即是东南亚最大的经济体，也是"一带一路"倡议成果最丰硕的沿线国之一。在印尼的土地上，建设者们以顽强不息的精神，留下了无数辛勤的足迹及令人称叹的奇迹坐标。

芝马努河上的加蒂格迪大坝，即是"一带一路"建设重要的实践成果。西爪哇省印尼经济最发达的地区之一，也是印尼的粮仓。但是因为季风气候的影响，被西爪哇省人民称为"生命之河"的芝马努河常常像脱缰的"烈马"，造成当地多大涝大旱，其下游750平方公里的肥沃地区几乎无法种植农作物。

早在1963年，印尼政府就提出了在芝马努河上修建大

奋进的印迹

坝的设想。但技术、资金等客观条件的落后，久未将蓝图落地。直到半个世纪后，在中国和印尼两国建设者的共同努力之下，才实现了印尼人民长久以来的梦想。

但是要为芝马努河这匹"烈马"套上辔头绝不是易事。梦想实现的过程，即是荆棘跋涉的征程。大坝不仅由钢筋水泥修建而成，更是由中印两国建设者的智慧和汗水凝结而成。

从2007年项目中标，到2015年正式下闸蓄水，加蒂格迪大坝经过八年建设长跑，铸造了保证芝马努河下游地区抵御百年一遇洪水的奇迹。

加蒂格迪大坝坝长1670米，坝顶高程265米，最大坝高110米，总库容10.63亿立方米[①]，可以让9万公顷灌区获得稳定的水量。要完成如此巨大的工程，无疑需要一个复杂的系统支撑。

据统计，在推进大坝建设的过程中，中印两国大概有930个员工直接参与整个工程，涉及268台从中国组织的大型机械设备，以及从卡塔尔、新西兰引进的多种建造设备。要协调数量如此庞大的人员和设备，将愿景变成现实，势必要依靠成熟的技术方案和攻坚克难、百折不挠的奋斗精神。

其中一个建设的细节是：印方为保障项目顺利推进，组建了一支年轻又精干的项目管理团队，24小时与中方的施工现场保持联系，在双方的紧密联系下，一起攻克了众多设计和施工中出现的问题。正是在这种并肩作战的奋斗精神，最终让印

---

① 商务部研究院. 共同梦想"一带一路"故事丛书[M]. 北京：人民出版社，2019.

度尼西亚人民的梦想照进了现实。

除了加蒂格迪大坝外,雅万高铁也是"一带一路"倡议的标志性工程。从"一带一路"倡议整个建设地图来看,雅万高铁的意义举足轻重。

从筹备到开工,雅万高铁的修建历程本身就是史诗般的奋斗进程,充分体现了新时期奋斗者的拼搏和韧劲。与此同时,雅万高铁作为"一带一路"倡议正在建设的新地标,承担了中国高铁成套技术走出国门"第一单"的重要责任,其建设的进展和历程,是新时期奋斗者实践的切面。

雅万高铁的重要意义在于,它是连通印尼首都雅加达和其第四大城市万隆的首条高铁,全长142公里,共有隧道13座,最高设计时速350公里。数字所反映出的,是雅万高铁作为新时期交通大动脉的迸发力量。这力量背后是铁路建设者吃苦耐劳、勤奋智慧的精神面貌的集中体现。

印尼处于热带雨林区域,多岩洞地貌、黏土地质,自然条件环境复杂,高铁修建本就面临极大的技术挑战。而雅万高铁,从爪哇岛西北海岸的雅加达,要直接爬升700米贯通到火山群峰环抱高原盆地中的万隆,其修建过程必定要高桥长隧,首尾相连。在复杂的地质环境下,挖隧道、架桥梁,注定要涉险滩,要不断攻坚,不断用汗水创造奇迹。

在雅万高铁隧道修建过程中,5号隧道的贯通是建设推进的重要节点。从2019年6月开工,到2020年8月贯通,历时9个月,建设者们终于啃下这块硬骨头。隧道全长422米,属浅埋隧道,全部为黏土地质,不仅自稳能力差,地质条件还十分复杂。建设期间，在隧道安全施工条件下，工程技术师经过多次技术攻关，最终确定采用三台阶临时仰拱法克服全隧浅埋、围岩软弱的困难，通过短进尺、强支护、勤监控、快调整等手段，确保隧道施工安全和开挖进度。并且，隧道施工过程中，中方还培养了79名熟练掌握隧道施工技术的印尼工人，彰显了全民奋斗的并肩作战力量，展现了开放、包容的大国形象。

在贯通雅万高铁首座千米隧道7号隧道时，前期5号隧道的贯通经验得到了发挥。7号隧道全长1285米，比5号隧道长800余米，地质条件也更为复杂，洞身地质为黏土、泥岩、安山岩。为保证项目的施工进度与人员的施工安全，建设人员采用了多种工法。最终将进口道路改移、新冠疫情等一系列困难顺利克服，顺利实现全隧提前贯通。

毋庸置疑的是，在雅万高铁的建设征程中，铁路建设者们始终勇于接受挑战，敢于克服重重困难，以饱满的热情和动力，展示出非凡的干劲和韧劲。

面对热带雨林、复杂地质等不良自然环境的施工条件，技术专家善于以知识为驱动力，灵活创新工作方式方法，有效解决坍塌、沉降等现实问题，彰显出中国铁路建设的智慧和实力。

新时期的奋斗者精神在实践中的最佳投射和注脚，于"一带一路"中体现得淋漓尽致。精神所带来的驱动力是巨大的。未来，当雅万高铁全面建成通车后，从雅加达至万隆的时间将从原来的大概4个小时缩短至40分钟。时间折叠的背后，代表着雅万高铁沿线民众出行品质的提升,代表着印尼全新的发展和动力,更代表着新时期的奋斗者精神。

鲁迅说:"凡事以理想为因,实行为果。"①一切宏伟的愿景,都是在艰苦奋斗中实现的。一切美好的未来,都是在实干苦干中达成的。从过去到未来,历史演进的规律如是,人类发展的脉络如是。

第四节 "一带一路"的中国机遇

翻山铺路,临海建港。中国建设者以非凡的勇气和毅力,扎根海外,帮助"一带一路"沿线国建设各种基础设施,直接推动了沿线国家的发展。在帮助沿线国家建设基础设施的同时,中国也抓住了自身发展的机遇。毫无疑问,"一带一路"是一条1+1>2的双赢之路。

首先,我国通过向沿线国家输出扶贫产品,实现精准脱贫。在中国方案、中国顶尖技术走出国门的同时,有很多人在思考,能不能让扶贫事业也搭上"一带一路"的快车?但是,与海外的工程建设一样,通过"一带一路"向沿线国家输出扶贫产品,也是一场需要翻山越岭的旅程。

位于甘肃省中南部的广河县,就经过了一段特色扶贫之路。广河县是甘肃省临夏自治州的"东大门",其贫困面曾一度超过15%。2018年,广河县为带动脱贫就业,积极抓住"一

---

① 鲁迅. 鲁迅杂文精选[M]. 北京:北京文联出版社,2016.

带一路"的东风，利用区位优势和文化优势，在贫困户家门口引入外贸公司。

虽然这一惠民政策百利而无一害，但是其推广与落地过程，并非一帆风顺。招商引资就是第一大难题。甘肃省工业基础相对薄弱，怎么能让钟爱东南沿海的外贸公司进驻一个小小的广河县城？为此，广河政府以提供免费场地、免费水电暖等优惠条件，吸引了一家外贸企业落户广河，生产民族礼帽销往中亚和非洲国家。这一轻工纺织类企业的选择，原本很符合广河县的就业需求。但是在刚招工时，却面临着意料之外的困难——贫困户不愿就业，须由政府出面邀请其就业。后来通过一定就业保护措施和口碑效应，才慢慢有人主动选择就业，使得就业脱贫成为广河县脱贫事业的一条有力支撑。

甘肃省定西市的土豆也搭上了"一带一路"快车，远销埃及、土耳其，成为带动农民脱贫致富的宝贝。甘肃省和政县的油菜、陕西省平利女娲茶等等也将到海外市场披荆斩棘。每一件大喜事的背后，都有一群坚定的奋斗者在拼搏实践。每一个鲜活的事例都在证明：新时期是属于奋斗者的时代。唯有奋斗不负时代，唯有实干不辱使命。

值得一提的是，除了向沿线国家输出物美价廉、品种丰富的日常用品，中国内陆腹地还借助"一带一路"的优势，从商贸开放的后端一跃成为前沿地区。

自15世纪地理大发现以来，海洋文明逐渐引领发展优势，在贸易中占据了主导地位。之后，海港城市的交通地位一路跃升。目前全球就产业分布而言，几乎都是沿海岸线配置，内陆地区则相对空白。这让沿海城市与内陆地区的经贸发展状况形成了巨大的差距。

"一带一路"正在扭转这一局面。它将为众多内陆国家和内陆地区带来大量发展机遇，逐渐开启一个海陆文明平衡发展的进程。对于有14个陆上接壤邻国的中国来说，这是巨大的发力点和增长极。并且会联动全球的内陆国家释放出空前的发展潜力，实现海陆文明的平衡与重塑。

当然，陆地文明崛起之路，必定需要一个长期奋斗的过程。但是这种奋斗，并不是战场上刺刀见红的竞争式厮杀，而是开放合作共赢。正如"一带一路"所构建的一种新型地缘关系，并不同于以邻为壑的海洋霸权，而是合作共赢的和平发展之道。

奋进的印迹

第十六章　脱贫攻坚是浴血奋战之路

某种程度上，世界是撕裂的。一面是科技高度发达，人民生活水平稳步提升。一面又是贫困现状丛生，人民苟延残喘度日。贫困如同一座大山，压在世界欠发达国家、地区人民的头上。

消除贫困是一场漫漫征途，中国人民在这条路上前赴后继、浴血奋战。2021年，在迎来中国共产党诞生100周年之际，脱贫攻坚取得了全面胜利。中国成为世界减贫人口最多的国家，创造了人类减贫史上的奇迹。

第一节　努力探寻贫困之源

中国现当代文学家艾青曾在诗歌《双尖山》中言："一个世界两条道路，一条走向愚昧贫困，一条走向繁荣富强。"站在21世纪回望，这句话也或许同样适用于当下的世界局面。不论是愚昧贫困，还是繁荣富强，它们都像一个强大的磁场，吸引着周遭的事物，甚至最终呈现出"富则更富，穷则愈穷"的局面。

正是如此，根除贫困顽疾，绝非易事。

千百年来，反贫困都被看作是家国安定的一件大事。世界各个国家、各个地区都在为减少贫困、摆脱贫困而奋斗。联合国在《2030年可持续发展议程》中提出17项可持续发展目标,其中在全世界消除一切形式的贫困被列为首要目标。因此,我们说减贫是一场世界范围内的浴血奋战之路。

这场全球减贫的征程上,经过全世界人民的共同努力,成效逐步显露。数据显示,截至2015年,根据世界银行每人每日支出不足1.9国际元[①]贫困线计算,全球贫困发生率从1990年的28.6%下降至2015年的10%。同时,全球贫困人口也大幅度减少——从17.26亿人下降至2015年的7.34亿人。[②]

但是,新冠病毒突如其来,将世界减贫向好的趋势逆转。世界银行预计,2020年,世界各国受疫情的冲击,贫困人口将增加8800万至1.1亿。[③]

贫困是一个反反复复的问题。但从整个人类文明进程来看,人类社会并不是一开始就广泛存在贫困现象。

原始社会形成初期,人与人之间几乎处于平等的状态。

---

① 在特定时间与美元有相同购买力的假设通货单位。

② 胡鞍钢. 中国与世界百年未有之大变局:基本走向与未来趋势[J/OL]. 新疆师范大学学报(哲学社会科学版),2021(5):1-16[2021-03-12]. https://doi.org/10.14100/j.cnki.65-1039/g4.20201112.002.

③ 胡鞍钢. 中国与世界百年未有之大变局:基本走向与未来趋势[J/OL]. 新疆师范大学学报(哲学社会科学版),2021(5):1-16[2021-03-12]. https://doi.org/10.14100/j.cnki.65-1039/g4.20201112.002.

奋进的印迹

一方面，由于当时人类生产力水平非常低下，对各种资源的索取程度皆在大自然承载的范围以内。只要人拥有劳动的能力，就能获得资源。另一方面，由于人类个体力量渺小，形单影只无法同变幻无常的自然界进行斗争。因此在客观条件的驱动下，为谋取生活资源，人类主动或被动采取合作分工的方式，进而决定了生产资料的公共占有。同时，在劳动的过程中，由于人们是平等互助的合作关系，所获得产品也实行平均分配机制。

社会生产力不断发展，人类开始进入相对稳定的发展时期。这时，人类社会出现一种现象，即在自身所需的产品之外，还出现了剩余产品。这样的现象使得原始社会逐渐瓦解，人类开始进入奴隶社会。社会制度的转变让人类之间的关系不再平等，剥削阶级（奴隶主）和被剥削阶级（奴隶）应运而生。奴隶作为奴隶主的私有财产，可以被奴隶主肆意买卖或强迫工作，并且既无人身自由，还无报酬获取。而奴隶主，却可以从以前繁忙的工作中解放双手和大脑，想方设法去剥削更多的奴隶。

在此制度下，贫困的概念悄然而生。自奴隶社会之后，人类不平等的关系与贫困现象长久存在。人们意识到，真正富裕且在极大程度上占有社会资源的，只是一小部分人。

就封建社会而言，占有全国大部分土地的人，均为封建主，而农民所耕作的土地，绝大部分已被封建地主所剥夺。同时，在封建社会森严的等级制度下，封建主世代皆为封建主，享受着富裕的生活，而农民世代皆为农民，可谓永无翻身之日。这让两者之间的矛盾十分尖锐。

进入近现代高速发展的工业时代后，社会上层的人想方设法占据了更多资本资源，而底层碍于各种原因，无法赢得资本的竞争。这也是贫困现象产生的原因之一。

贫困的出现通常与人类文明的发展关系紧密。但在当下，全球存在大量贫困人口的背后，还有更多错综复杂的因素。

首先，在全球很多地区，贫困已经形成了代际传递。这意味着自出生的那一刻，就有很多人面临不能维持基本生活需求的情况。

其次，自然因素。有的地区因地震、洪水等自然灾害多发，经多次重建之后付诸高昂成本，致使当地陷入贫困；有的地区因恶劣的地形条件，致使通路成本不断提高，阻碍了当地致富之路；还有的地区因干旱等灾害，土地已不适合粮食正常生产条件，引发粮食危机，威胁当地群众的生存。

此外，贫困人口产生的重要因素之一还包括政治。即便和平与发展是当今的时代主题，但仍有一些国家的政权常处于动荡的状态，甚至战乱层出不穷，导致当地民众流离失所。除此之外，资源环境、民族习俗、历史文化差异等也是造成世界贫困人口产生的重要原因。

贫困就像一滩沼泽，人一旦陷入，很难逃离。减贫一词看似简单，但想要真正消除世界绝对贫穷人口，则如攀登蜀道一般艰难崎岖。

奋进的印迹

第二节 艰苦卓绝的脱贫历程

当21世纪的钟声敲响时,189个国家代表齐聚联合国千年首脑会议,共同通过未来首要的千年发展目标——减贫,即到2015年年底,世界贫困人口将在1990年的基础上减少一半。2015年,面对着世界各国减贫取得的阶段性成果,联合国再次向贫困出击——《2030年可持续发展议程》的首要目标就是消灭贫困。

针对贫困,世界各国皆有自己的解决办法。比如,巴西、墨西哥、委内瑞拉等国家采用的是"发展极"模式。由于这类国家部分地区资源贫乏,且具有非均衡经济规律,因此需由主导部门以及创新型企业发力,带动周围贫困地区一道发展。最终,让贫困人口分享经济成果,改善区域性的贫困状态。

印度、斯里兰卡等国由于历史上被殖民剥削与掠夺,生产水平较低等因素,而采用"满足基本需求"模式,即直接向穷人提供保健、营养等基础性服务,提高穷人收入。

欧美等发达国家自身经济实力比较强大,且贫困面积较小,因此多采用"社会保障方案"模式。即直接给予穷人基本的生活需求,同时缩小不同阶层之间的收入差距实现减贫的目标。

在减少贫困方面,中国同样给出了自己的方案。中国共产党自成立伊始,就致力于改善中国人民的生活条件。然而脱贫并非一朝一夕之事，需要付出长久地坚持与努力。一部中国发展史，无疑是一部中国人民与贫困抗争的历史。尤其中国多年脱贫攻坚历程，凝聚了无数扶贫干部的心血。最终结果证明中国减贫成效巨大——2021年2月25日，中国向世界庄严宣告：中国脱贫攻坚战取得全面胜利！

中国依据不同阶段的不同情况，制定了符合中国特色社会主义的扶贫政策。从救济式扶贫、大规模开发式扶贫，到"八七"扶贫攻坚、集中扶贫攻坚，再到精准扶贫、脱贫。每一个阶段，都充满着困难与挑战。

1978年11月24日晚，因长久以来"吃粮靠救济，穿衣靠救助，用钱靠贷款，过年靠讨饭"，安徽省凤阳县小岗村村民在一场秘密会议中决定求变求生存。十余位农民"冒天下之大不韪"，秘密签下"生死状"，并做出三个重大的决定：分田到户；不再向国家伸手要钱要粮；若干部坐牢，社员一定要将他们的小孩养至成年。

尽管面临层层束缚，但对小岗村村民而言，这是他们追求美好生活的大胆尝试。为此，全村人民秉承着秘密会议的精神，齐心协力、埋头苦干，打拼出了小岗村的希望。第二年丰收季，小岗村的粮食产量相当于全队1966年至1970年粮食产量总和，不仅可以交公粮，还可以还贷款。

小岗村这一开山性的尝试，拉开了我国家庭联产承包责任制的序幕，也迈出了中国自下而上减贫的重要一步。同时，家庭联产承包责任制在艰难推进中不断地完善。这项制度与当时农村发展情况相匹配，不仅改变了农村旧的经营体制,解放了生产力,还调动了广大农民群众的积极性。这为中国解决贫困问题奠定了良好的基础。

1984年,当农民的基本温饱问题在很大程度上解决之后,我国采取以工代赈的方式,使贫困人口通过参与国家基础设施建设,增加收入来源。同时,我国还成立国务院贫困地区经济开发领导小组,制定一系列惠农政策,方便农民自由出售农产品。

在中国共产党的引领下,全国发展呈现向好局势。1978—1985年,农村人均粮食产量增长14%;农民人均纯收入增长2.6倍。按照1985年我国贫困标准为年收入206元来计算,未解决温饱的贫困人口从2.5亿减少至1.25亿,贫困人口平均每年减少1786万人。[①]

这期间,救济式扶贫是我国主要扶贫方式。从成果来看,减贫效果也在人们的预期内。但随着减贫运动的发展,贫困有了新一阶段的现象——中国农村发展不平衡问题凸显。随着改革开放进程加快,沿海等发达地区在发展经济、文化等方面明显优于中国农村地区。

基于此,中国在1986—1993年,进入大规模开发式扶贫阶段。为支撑中国农村发展,这八年内,中国通过多部关于贫困农户及地区脱贫致富的文件。如《关于加强贫困地区开发工

[①] 国家乡村振兴局. 中国脱贫攻坚的世界意义[EB/OL]. [2021-03-01]. http://www.cpad.gov.cn/art/2021/3/1/art_624_187513.html?from=groupmessage&isappinstalled=0.

作的通知》《关于九十年代进一步加强贫困地区的通知》。文件均传达出我国在扶贫工作深耕的决心，扭转贫困落后面貌的毅力。与此同时，国务院正式成立扶贫和开发领导小组，协调大型农村扶贫计划。在中央的号召下，全国各省也相继成立扶贫小组，全力推进、指导农村扶贫工作。最终在1986—1993年，农村减贫取得进一步成效，贫困人口从1.25亿人减少到8000万。[1]

由于我国贫困具有复杂度高、持续性久的特点，进入20世纪90年代后，我国根据具体情况逐渐放缓减贫速度。1991—1992年，年均只减少250万贫困人口。与此同时，新一轮的问题渐渐凸显。我国中西部地区自然结构复杂，包含高寒山区、深山区、石山区、荒漠区等。又因地处偏远，交通不畅，生活条件极不便利。同时，受自然条件的限制，改革开放的春风还未完全吹来，因此西部贫困发生率远远高于东部沿海以平原、丘陵为主的地区。

为缩小中西部与东部的发展差异，从而保持一种相对平衡的状态，1994年4月15日，国务院印发《国家八七扶贫攻坚计划》。到20世纪末，我国会集中力量解决当时农村8000万贫困人口的温饱问题，减少贫困与返贫人口。

为此，我国制定了1994—2000年贫困人口的温饱标准——

---

[1] 中华人民共和国中央人民政府. 中国的农村扶贫开发 [EB/OL]. [2005-05-26]. http://www.gov.cn/zwgk/2005-05/26/content_1293.htm.

奋进的印迹

按照1990年不变的价格，绝大多数贫困户年均纯收入达到500元以上。同时，力所能及为贫困户创造更多条件：种植果园或开展其他副业；加强各偏远地区的基础设施建设，为饮水、通路、通电创造绝对条件；为扭转教育、文化与卫生的落后状况，我国开始普及初等教育减少文盲群体，开展成人职业技术教育增加青壮年技能。

《国家八七扶贫攻坚计划》是中华人民共和国历史上第一个有明确目标、明确对象、明确措施和明确期限的扶贫开发行动纲领。每一项政策的落实，都是全党、全社会以及各方合力攻坚的成果。在"八七"扶贫攻坚阶段之下，至2000年年底，除少数社会保障对象、部分残疾人及生活在自然环境恶劣地区的特困人口之外，我国基本实现《国家八七扶贫攻坚计划》预计目标。按照2000年我国农村贫困线为年收入625元计算，农村未解决温饱的贫困人口下降为3000万人，农村贫困发生率下降至3%。[①]

扶贫工作漫长艰辛，我国对此时刻保持清醒的认知。"八七"扶贫只是取得暂时的阶段性胜利，人们的生产与生活并未改变根本的问题。若在此基础上谈论小康社会还为时尚早。

当然，基于几十年扶贫之路的奋斗与实践，我国对于扶贫有了更为清晰的目标。在扶贫脚步踏入千禧之年，我国农村贫困人口已进一步缩小并集中于西部地区。但新的问题出

---

① 中华人民共和国中央人民政府. 中国的农村扶贫开发[EB/OL]. [2005-05-26]. http://www.gov.cn/zwgk/2005-05/26/content_1293.htm.

现：贫困人口相对分散，并不集中于某一县。

现行的扶贫制度需要更新。我国颁布《中国农村扶贫和开发纲要（2001—2010年）》强调中央新的扶贫重点放在西部集中连片地区，以村为基本单位进行综合开发，推进扶贫进度，进入集中扶贫攻坚阶段（2001—2013年），为贫困地区的人口创造奔向小康的条件。

为此，我国确定以14.81万个贫困村为扶贫重点，在扶贫领导小组与当地群众艰苦奋斗下，积极推进农业发展，改变贫困人口生活条件，提高整体生活水平。同时，人们更加重视科教文化对于脱贫的重要作用，提高贫困人口的知识水平，以便扩大劳务输出，实现群众自给自足。更重要的是，帮助贫困人口脱贫需要全社会的参与。因此，多种所有制经济组织也积极、陆续参与扶贫开发，帮助贫困群众打通市场，解决买卖困难的问题。

在多方力量参与下，我国脱贫工作在十年之内有了明显成效。截至2010年年底，按2010年农村贫困标准1274元计算，全国贫困人口减至2688万人。除此之外，贫困地区的生活条件、文化、教育、卫生、生态水平等有明显改善：592个国家扶贫开发工作重点县新增基本农田5245.6万亩；国家扶贫开发工作重点县7至15岁学龄儿童入学率达到97.7%；国家扶贫开发工作重点县实施退耕还林还草14923.5万亩。[1]

---

[1] 中华人民共和国中央人民政府. 中国十年扶贫开发成绩突出 贫困人口减至2688万人[EB/OL]. [2011-11-16]. http://www.gov.cn/jrzg/2011-11/16/content_1994713.htm.

第三节　精准扶贫精准攻击

脱贫攻坚是一个由浅入深的过程。在我国进一步以村为基本单位推进扶贫工作取得成就后，我国脱贫攻坚已逐渐进入深水区。在深水区内，我们如何才能为脱贫攻坚披上坚硬的铠甲，扛住深水区域内的重压，稳扎稳打？

2013年，我国遵循着改革开放后扶贫工作的规律，总结实践经验，开始将眼光聚焦在扶贫工作的点上。之所以聚焦于点上，是因为自改革开放开展脱贫工作以来，虽然全国大面积的贫困人口已都已减少，但一直以来，中国依旧存在贫困人口情况不够明、底数不够清，脱贫工作针对性不够强，项目资金指向不够明确等现象。同时，全国的扶贫信息系统也不够通畅，"谁是贫困户""为什么贫困""怎么帮扶""帮扶情况及效果如何"等盲点也随之而来。

更重要的是，历经多轮扶贫工作还未脱贫的贫困户，是这场脱贫攻坚战中难啃的"硬骨头"。这一群体的贫困程度尤其深，因此，减贫成本极其高、脱贫难度也相当大。这也代表着，若要在2020年真正实现全面小康这一目标，消化"硬骨头"是最为迫切的事情。这一切，对参与脱贫攻坚的所有人员而言，都是一个巨大的考验。

为打赢2020年脱贫攻坚的决胜之战，实现全面建成小康社会这一目标，精准扶的概念贫应运而生。2013年秋天，在位于湖南省深山中的花垣县十八洞村内，一场谈话，让"精准扶贫"之风从此处吹向祖国大江南北。这亦代表着我国正式进入精准式扶贫、脱贫阶段，进入攻坚拔寨的冲刺期，吹响脱贫攻坚之战的胜利号角即在眼前。

为"瞄准"脱贫对象，我国需要花费大量人力、物力，调动社会各方一切力量，找出每一户贫困户，对其进行信息录入，实行建档立卡。最终，实现国家颁布的所有扶贫政策惠及到位。这是在整个中华民族发展史上都从未有过的举措，其意义深远，将为整个国家的未来发展奠定了强有力的基础。

同时，就扶贫项目而言，资金的使用、项目安排等环节必须精确，做到"对症下药，靶向治疗"，杜绝走马观花的形式主义。这也在很大程度上考验着我们扶贫的决心。

2015年，我国颁布《中共中央国务院关于打赢脱贫攻坚战的决定》，明确到2020年为止，我国农村贫困人口能满足基本生活条件。同时，做到教育、医疗、住房都有可靠保障，并提出具体建设意见的实施方向。

湖南省花垣县的十八洞村，作为"精准扶贫"的首倡之地，在国家的关注下，踏上精准扶贫之道。为了防止"富人上榜、穷人落榜"，精确找到真正的贫困对象，十八洞村在设立了严格且规范的机制基础上，将评定贫困户的权利交给群众，做到大家心服口服。同时，为激发贫困人口的内生动力，十八洞村通过树立典型的方式，评选出"最美脱贫攻坚群众典型"，并对村民当年的脱贫表现进行量化评比。这样一来，村中形成了积极进取、力争脱贫的良性氛围。

为了真正做到自立自强，十八洞村还积极发展特色产业。由于人均耕地面积少，且零碎分散，村民们转换思路实行"飞地经济"[①]，集中种植猕猴桃。除此之外，由于村内泉水资源优质，村集体与企业合作成立山泉水厂，每年可获得保底分红50万元。加之村落风光秀丽，苗族文化深厚，十八洞村开发出特色的乡村旅游路线。2018年年底，全村共接待游客30万人次，实现旅游收入300万余元。[②]在各级脱贫干部与村民的齐心协力下，十八洞村已成功摘掉贫困的帽子。

十八洞村只是中国精准脱贫路上一个点，放眼大江南北还有许许多多的村落与人员都在为实现精准脱贫而奋斗。不论是在偏远地区挨家挨户调查的基层工作人员，还是带领着贫困人口披荆斩棘的扶贫干部，抑或是社会各界参与扶贫的人员，都为这场决定中国人民未来发展方向的历史性战役付出努力。脱贫攻坚是一场奋斗者的征程。为摆脱贫困、改善人民生活，党团结带领中国人民自力更生、发愤图强，最终书写了人类脱贫史上的奇迹。正是如此，脱贫攻坚是中华民族群体奋斗的最佳体现。

2021年2月25日，在中国共产党成立100周年之际，我国脱贫攻坚取得全面胜利。现行标准下（人均每年纯收入为4000元左右），9899万农村贫困人口全部脱贫，832个贫困县全部摘

[①] 打破区划限制，在平等协商、自愿合作的基础上，以生产要素的互补和高效利用为直接目的，在特定区域合作建设开发各种产业园区等。

[②] 特约调研组. 习近平调研指导过的贫困村脱贫纪实[M]. 北京：人民出版社，2021.

帽，12.8万个贫困村全部出列，区域性整体贫困得到解决，完成了消除绝对贫困的艰巨任务，创造了又一个彪炳史册的人间奇迹！①

第四节 脱贫是奋斗者的征程

漫漫脱贫路，无一不是奋斗者精神的伟大实践。

在脱贫攻坚工作中，数百万的扶贫干部苦干实干，奉献自我于脱贫一线，为脱贫攻坚的胜利提供了强劲支撑。其中，1800多名扶贫干部牺牲在这场伟大征程中，以生命诠释了中华民族脱贫奋战的决心和毅力。

脱贫攻坚能够取得举世瞩目的成就，靠的是我们这个国家、这个民族自力更生、艰苦奋战的伟大品质。今天，当我们站在脱贫攻坚取得全面胜利的关键时刻，回首中华人民共和国成立后的漫漫脱贫征程，不难发现还有千千万万次为脱贫而展开的伟大实践，星罗棋布在陆地面积为960万平方公里的国土上。

"要致富，先修路"。很多地区因为交通的闭塞阻碍经济发展，陷入贫困泥淖。坐落于重庆市巫山县竹贤乡大山深处的下庄村，就是这样一座"与世隔绝"的村落。

---

① 新华网. 习近平庄严宣告：我国脱贫攻坚战取得了全面胜利[EB/OL]. [2021-02-25]. https://baijiahao.baidu.com/s?id=1692634997668175695&wfr=spider&for=pc.

奋进的印迹

下庄村地理位置特殊。村子处于山谷底部，四周的高山绝壁阻碍了其与外界交流。加之谷底与山顶的落差达1000余米，因此被称为"天坑村"。若村里人临时有事出村，需要在近乎垂直的山壁上攀爬，稍有不慎，就会坠入深渊。自然条件的限制，让下庄村成为深度贫困村。

1995年，下庄村党支部书记毛相林看着村落一穷二白的局面，立志要改变下庄村的命运。他选择的突破口，就是先修一条与山外连接的路。

但一道道现实的难题摆在他面前：村民是否同意修路？修路的钱从何而来？没有机械设备怎么修？

难题需要逐个击破。为调动村民修路的积极性，毛相林几番同村民"算细账"。公路约7~8公里，哪怕每天只修一米，二十年也能够完成。即便这一代苦，下一代人也有机会过上好日子。为征集修路的资金，他带头卖掉了自家的猪和粮食，母亲也将存了一辈子且为数不多的养老金捐赠。再加上各家村民挤出不多的资金，最终凑齐近4000元的启动资金。

1997年，下庄村于"鱼儿溪"畔，打响了向命运斗争的第一炮。但修路的难度远超想象。由于没有机械设备，村民只能腰系长绳，在几乎无立足之地的悬崖峭壁上悬空钻炮眼，炸出一小块空地，再在上面挖出一条路。村民齐心协力，带上工具与干粮，分路段施工。期间，参与修路的村民们不论吃住，都在山洞，只为早日建成道路，摆脱贫困。

由于修路需要炸石，山顶时常会有飞石滚落而下，村民也面临被砸的风险。有数位村民直接被砸落至"万丈深渊",当场死亡。巨大的冲击突如其来,面对同伴的死亡,大家触目心惊,悲痛万分。这条路还要再修下去吗?

毛相林犹豫了,作为下庄村党支部书记,他比谁都清楚这条路的重要性,但牺牲的人命让他痛惜不已。毛相林向全村征求意见,每个人都高举双手,大喊"修!"

"修路脱贫",已成为下庄村民心中坚定不移的奋斗信念。村民"逢山开路,遇水架桥"的决心吸引了社会各界的关注,大山之外的物资开始源源不断被运至下庄,更多的人同下庄村民站在一起,给予他们脱贫修路的动力。

2004年4月12日,下庄村迎来载入史册的时刻——一条长达8公里的路终于在悬崖峭壁中开凿建成。七年修路历程,虽然下庄村村民经历过生死别离,但从未有过绝望。如今,这条"天路"成为下庄村村民的致富之路。村民们在村中大力发展种植业,形成多种产业共同发展的农业格局。通过"天路",村民将收获的果实运至广阔的市场,创造了不少的效益。截至2015年,下庄村整村已经实现脱贫。2020年,下庄村的人均可支配收入超过一万三千元,是修路之前的四十多倍。[1]

漫漫脱贫路,涌现出了无数个如下庄村一样的故事。历史再次证明,幸福生活是奋斗出来的,美好明天是奋斗出来的。一切波澜壮阔的历史画卷中,都少不了奋斗者的身影。

---

[1] 吴奎.下庄村的幸福路[N]. 人民日报,2021-03-17(20).

奋进的印迹

第五节　携手共进减少贫困

从世界范围而言，中国无论是减贫速度，还是减贫数量都走在前列。尤其改革开放40余年，中国贫困人口减少数量超过8.5亿人，对全球减贫贡献率超70%。[1]这一堪称人类史上奇迹的创举，足以载入史册。

当下世界局面，减贫工作在稳定推进。但突如其来的新冠病毒，让世界各国长久以来为减贫所做的努力，面临付诸东流的局面。减少贫困，同时防止返贫，成为世界各国都需思考的问题。

实际上，即便在世界最富裕的国家，也有3000万儿童家境贫穷。同时，就世界范围而言，有10%的人口，即7亿人生活在极端贫困中，每天的生活费不足1.90美元。[2]

如今，世界各国不再是一个个的孤岛。各国都在协同并进，相互助力，共谋美好明天。作为在脱贫攻坚之路上告捷的国家，中国尽其所能在总结国内脱贫工作方法论的基础上，形成全球通用的中国方案，帮助世界更多人口走出贫困陷阱。

一直以来，为推动联合国《2030年可持续发展议程》的落实，中国始终奋战在脱贫攻坚道路上。除了积极推动自身脱

---

[1] 中国扶贫. 中国脱贫攻坚的世界性意义[EB/OL]. [2020-04-16]. http://baijiahao.baidu.com/s?id=1664114887285397277&wfr=spider&for=pc.

[2] 数据来源于联合国官网。

贫攻坚外，中国还助力更多发展中国家农业与农村发展，解决贫困人口的温饱问题，加强国际减贫的交流与合作。比如，与其他发展中国家举办组织培训与项目合作，培养发展中国家贫困人口形成自力更生的创新、创业意识，助力其走出贫困陷阱。

中国的脱贫之路在农村打响了"第一枪"，以村为单位推动减贫进程是经过实践检验的有效途径。放眼全球，这样的路径同样适用于广大的发展中国家。因此，我国在老挝、缅甸等国通过开展减贫示范项目，实行"整村推进"的方法，促使贫困地区走向富裕。

象龙村就是受益的地区之一。它地理位置优越，与老挝古都琅勃拉邦只相隔20余公里。但由于基础设施落后，长久遭受贫困的困扰，象龙村与琅勃拉邦呈现出两种截然不同区域面貌。

村民的生活用水从何而来，是象龙村面临的最大问题。河水无法达到饮用水的标准，若人直接饮用未经过过滤的河水，很容易感染疾病。同时，由于村内没有饮水系统，村民们的生活用水匮乏。当然，村民也可购买桶装矿泉水以作为饮用水。但长期的费用支出让本就贫困的象龙村雪上加霜。

2017年，这一困境得到扭转。这一年，东亚减贫示范合作技术援助项目正式启动，富有减贫经验的中国专家来到象龙村，与村民一同寻找脱贫的突破口。

"没有条件，就创造条件"。为了解决村民的饮水问题，中国专家克服语言、文化等多种客观障碍，每天与村干部

奋进的印迹

行走在泥泞的深山中，四处为村民寻找合适且符合饮用标准的水源。皇天不负有心人，最终他们在离象龙村5公里的双山中找到了合适的水源。

为尽快让每户村民都能用上干净的水，扶贫项目组与象龙村民众一齐修筑水坝、蓄水池，将清澈的泉水引至每户村民的家中。2019年2月，象龙村人饮工程竣工，村民终于实现了用水自由。

中国扶贫专家帮助象龙村解决村民的用水之难，只是扶贫项目的第一步。此后，中国还积极推动村中的农户生计项目发展，在现有产业结构的基础上，增大对中低收入农户的产业投入。因此，象龙村也逐步开展着织布、养牛、旅游等项目。中国也为象龙村提供了广大的市场，尽可能创造更多的收入。"村民们最迫切需要什么，中国就援助什么。"这是中国扶贫组在老挝刻下的奋斗印记。

除此之外，中国还积极带动贫困国家及地区的人员增收致富，满足当地的交通及生产生活需求。

毛里塔尼亚，位于非洲西北部，80%的国土面积为沙漠地区，是世界上最不发达的国家之一。自20世纪60年代开始，中国一直致力于对其进行基建、农业、医疗、教育等援助，以点燃毛里塔尼亚的内生动力。

畜牧业是毛里塔尼亚的支柱性产业之一。但由于每年旱季长达9个月，草场沙漠化日益严重，既无法满足牲畜的日常需求，也不利于当地畜牧业的可持续发展。

中国的技术专家为改善当地的畜牧业发展条件，来到撒哈拉沙漠旁高温炎热、干旱少雨之地。要在沙漠中种出一片绿洲，就要选定合适的植物。经过多种植物的比对，最终因紫花苜蓿的蛋白质含量高，同时较为匹配当地的自然条件，成为中国专家们的引种实验对象。

实验之路充满艰辛。当地天气极端，要么毒辣的太阳一直炙烤着大地，要么沙尘暴与暴雨相伴而来，因此刚露尖不久的紫花苜蓿反复受到摧残。中国的技术专家们在恶劣的自然条件中，充当着"护草使者"，即便脸被烧得干裂，也潜心在占地110公顷的基地引种实验。经过21种牧草，6个品种的紫花苜蓿比对试验，中国的技术专家最终找到最适宜当地自然条件的紫花苜蓿品种，并为之进行科学的灌溉方式与施肥。功夫不负有心人，近千亩绿茵茵的植物随风像海浪一般翻滚，为毛里塔尼亚发展畜牧业、农业提供了稳健的动力。

作为最大的发展中国家，中国不仅自身取得了脱贫攻坚的伟大成效，还在艰苦奋战中帮助其他国家减少贫困人口，为世界减贫事业作出了巨大贡献。

脱贫是一场硬仗。贫困的帽子摘下，并不意味着无须再努力，相反，这是新生活的起点，新奋斗的开端。从国家到人民，从群体到个体，追求更加美好的未来都是一场没有终点的征途。脚踏实地，艰苦奋斗是书写美好未来永恒不变的方法。

奋进的印迹

第十七章　科技创新是引领时代之路

当今社会，新一轮科技革命和产业变革不断推进，过去需要几十年、数百年，甚至上千年才会发生的能够影响时代的变化，如今每时每刻都在发生。

不断提速的高铁、突飞猛进的量子科技、逐渐深入的抗癌研究……科技已经与我们的日常生活紧密结合，这既是无数奋斗者多年来不断创新的成果，也是人们未来持续奋斗的目标。现如今，奋斗者以科技创新作为改变世界的强大动力，通过奋斗为人类开创一个光辉灿烂、充满无限可能的未来。

第一节　高铁技术联通世界

回首人类文明的来路，每一寸都遍布奋斗者的脚印。从使用工具到发明创造，从学会利用动物拖拽力到使用蒸汽动力、电力……技术的变革对人类社会生活产生了翻天覆地的影响。

19世纪铁路的出现，让西方资本主义国家的社会生活发生了重大转折。当轰鸣的列车通过大地上如血管般蜿蜒的铁轨快速驶向远方，世界的距离就在蒸汽的浓烟中被拉近了。

从无到有的突破背后，无疑凝结着奋斗者的辛勤付出，然而如果止步于成果，那么新事物也将成为旧事物，最终只能在滚滚向前的时代浪潮中黯然离场。曾为美国经济飞速发展作做出巨大贡献的铁路，在20世纪20年代开始走向滑坡路。过去日进斗金的铁路公司纷纷破产，铺设在交通要道上的铁轨被大量拆除，在风吹日晒下爬满斑斑锈迹。

难道铁路行业已到了夕阳阶段吗？日本国有铁道公司总裁十河信二对此坚定地说："不！"

二战后，日本在美国的扶持下经济得到快速复苏，但当时铁路运力紧张、速度有限，制约了日本经济的进一步发展。顶着风行一时的"铁路夕阳论"的巨大压力，十河信二力排众议，不惜瞒报大部分新干线项目预算来获得政府支持，甚至在实际修建新干线时还挪用了其他铁路项目的资金。尽管这些隐瞒行为为他招致了非议，但当1964年平均时速210公里，最高时速甚至达到270公里的新干线开通时，这些非议烟消云散，取而代之的是一片赞叹。

对于奋斗者而言，最好的回馈就是能够参与到改变人类文明进程的科技创新中去。全长515公里的新干线不仅让东京和大阪之间的时空距离大大缩短，还带动了沿线地区经济的快速发展，甚至挽救了被视作"夕阳产业"的铁路行业，在世界范围内兴起了一波高铁建设浪潮。如法国、德国、西班牙、荷兰、英国等一些土地资源稀缺的欧洲发达国家，在20世纪90年代纷纷研究高铁技术、大规模修建高铁，甚至跨越国界的限制，逐步建成覆盖整个欧洲的高速铁路网络。

在高铁的建设大军中，中国也是其中一员。1978年，这

奋进的印迹

是中国历史上一个值得书写的时间节点。这一年10月26日，访问日本的邓小平在开往日本京都的新干线列车上，望着车窗外飞速移动的风景心有所感。面对日方陪同人员"有什么感觉"的询问，邓小平表示："就感觉到，有催人跑的意思，所以我们现在正适合坐这样的车。"①

1990年，中国原铁道部向国务院报送《关于"八五"期间开展高速铁路技术攻关的报告》，敲响了中国高铁科研建设的钟声。为了让中国早日拥有自己的高速铁路，中国的科学家们像海绵一般吸收世界范围内有关高铁的先进技术，并在此基础上积极创新。短短三十多年，中国就走出了令世界惊叹的高铁之路。

每一项在科技史上值得大书特书的创新成果，都不是空中楼阁。中国高铁之所以有令世界瞩目的成就，离不开科研工作者一步一个脚印地奋力攻关，而中国铁路的六次大提速，就是为高铁建设打下的坚实基础。

1997年，中国铁路第一次大面积提速调图，京广、京沪、京哈三大干线列车提速后最高运行时速达140公里。这次提速为中国铁路提速拉开了序幕，到2007年第六次大提速时，列车运行时速已达200公里，部分有条件区段的列车运行速度甚至可达250公里。在2004年铁路第五次大提速时，中国的科研工作者借鉴欧洲先进经验，结合本国国情制定了中国列车控

---

① 《瞭望》新闻周刊. 瞭望|改革开放40年，时代的传奇[EB/OL].[2018-06-11]. http://www.xinhuanet.com/politics/2018-06/11/c_1122966955.htm.

制系统（CTCS）。在此基础上，CTCS-2级、CTCS-3级的列车控制系统逐步得到验证，中国高铁的技术路线一步步明晰。

2008年，京津城际铁路开通运营，这是中国高铁史上里程碑的事件，此后经过无数高铁人的奋斗，一系列高铁建设成果涌现，仿佛水到渠成。但是，向科学的珠穆朗玛峰攀登，有时候需要常人难及的毅力与恒心。2011年6月30日，京沪高铁全线正式通车，为中国高铁事业再添战果。然而很少有人知道，仅是正式开工建设前的准备工作，就进行了18年。18年磨一剑，那些存放在中国铁路设计集团档案馆里的2533卷、4760册设计资料和6.7万张设计图纸，是京沪高铁最初的雏形。①

在高铁建设上，中国最初是不断追赶，向日本学习，向德国学习，向法国学习，向一切掌握先进高铁技术的国家学习。奋斗者的靶心是不停移动的，当学无可学时，中国高铁人已完成了从追赶到超越的华丽转身。一个个高铁领域的奇迹在对科学无止境的探索中诞生：2010年12月3日，"和谐号"创造了时速486.1公里的世界最高铁路运营线路试验速度；2017年9月21日，"复兴号"创造了时速350公里的世界最高商业运营速度……

除了速度上的破纪录，在一代代高铁人的努力下，中国还在更为复杂的路段，更为恶劣的自然环境中攻坚克难，成功建成一条条高速铁路。

---

① 佟明彪. 高铁"标杆"中国制造[EB/OL]. [2019-07-31]. http://paper.ce.cn/jjrb/html/2019-07/31/content_396953.htm.

奋进的印迹

2010年2月6日，从郑州至西安的郑西高铁投入运营。其修建过程中，攻克了在湿陷性黄土地区施工的一系列难题，成为世界上首条修建在大面积湿陷性黄土地区的高速铁路。

2017年12月6日，从西安至成都的西成高铁正式开通。这条高铁在修建过程中攻克了地形、地质、生态三大难题，让横亘在两地间的秦岭不再成为交通障碍，让蜀道不再难。

……

后发而先至，这是无数中国高铁人心怀高铁梦，以创新精神为魂铸就的伟大成果。如今中国的高铁技术已达世界先进水平，走出国门的中国高铁正引领世界高铁的建设发展。

中国高铁是一群脚踏实地、仰望星空的高铁人交出的满意答卷，它不是个人英雄主义的胜利旗帜，而是千万个高铁人奏响的民族奋进交响乐。

第二节 量子通信引领未来

新时代，科技成果层出不穷，极大加速了文明发展的进程。人们越来越意识到，如果不想被社会抛弃，就要坚持以创新为引领发展的第一动力，不断在未知的科学世界里探索，以拼搏奋进的精神为未来开辟一条宽阔的大道。

每一次促使人类社会发生重大转变的科技革命在发展到一定阶段时都会遇到瓶颈，如果不能在新的领域进行创新突破，就会造成发展减速甚至停滞、倒退。所以，奋斗者不但要在已知的领域内追求突破，还要具有高瞻远瞩的目光，发现能够改变未来，引领发展的新领域。

电子信息技术的高速发展为人类社会创造了巨大的经济效益，但由于其以微电子技术为基础，所以当发展到一定程度时就会达到物理极限。在这种情况下，量子通信的重要性就凸显出来。量子通信是利用量子叠加态和纠缠效应进行信息传递的新型通信方式，基于量子的特性，能够保证信息传输的绝对安全，在国防、金融、政务、民生等多个领域都有重要意义。因此，很多国家都投入科研力量对量子通信展开研究。在这一领域，中国没有充当落后追赶者的角色，甚至一开始就站在了领跑者的队伍中。

2016年8月16日凌晨，坐标甘肃酒泉卫星发射中心。整座城市已然在漆黑的夜里安睡，但这里的科研人员却比白日里还要清醒，他们紧张而仔细地做着卫星发射前的准备工作，心跳声似乎在宁静的夜里被无限放大，汇聚成一声声倒计时：10，9，8，7……3，2，1——1时40分，世界首颗量子科学实验卫星"墨子号"搭乘着长征二号丁运载火箭成功发射升空，耀眼的白光划过墨一般的夜幕，在每个观看者心中刻下了自豪的印记。

尽管中国人在这里已经见证了太多中国航天史上的第一次，如1970年4月24日成功发射的中国第一颗人造卫星"东方红一号"，2003年10月15日成功发射的中国首艘载人航天飞行器"神舟五号"飞船，2011年9月29日成功发射的中国首个空间站"天宫一号"……但是当"墨子号"成功发射升空时，人们心中依然是涌现出巨大的骄傲和幸福感。

"墨子号"的成功发射，意味着中国在量子通信领域已经领先欧美，首先实现了量子通信领域的一次跨越式发展，而能够取得这一成果，离不开无数在实验室里潜心钻研的科研工作者。

回溯历史，人们能够发现很多改变人类社会发展进程的领域，都有杰出的先行者在前方引路，而在量子通信领域，潘建伟就是这样的领军人物。

1987年，潘建伟17岁。这一年，他顶着外界"学物理没有前途"说法的压力，成功考入中国科学技术大学近代物理系，开始了与量子物理的缘分。当时学术界关于量子物理的研究几乎是一片空白，这既是挑战，也是机遇。挑战意味着没有人在前方带路，所走的每一步都是在试错，都是在创新。机遇则意味着，在量子世界的一片混沌中，蕴藏着太多的知识宝藏，等着富有探索精神的拼搏者前来获取。

对潘建伟来说，既然选择了一个方向，即便前路多风雨，就要心无杂念，排除万难，达成目标。1996年，他到奥地利维也纳大学攻读博士学位。在导师安东·塞林格向他询问未来计划时，他不假思索，脱口而出：我希望将来能够在中国建一个像你这里一样的实验室。

在中国建一个世界一流的实验室，这是驱动潘建伟坚定向前的强大内力。当人的意志力足够强大时，将会释放出能够改变世界的巨大能量。这种内力驱动着潘建伟扎根实验室，在艰深的知识海洋中不断探索，驱动着他在学成后立刻返回祖国，为实现梦想而拼搏。

奋斗者的道路总是崎岖而充满艰难险阻，学术界对量子信息技术的怀疑、有限的科研经费，以及本就艰深的量子物理知识，这些都是阻挡在潘建伟实现梦想道路上的重重障碍。然而，科学的践行者并不畏惧这些困难。荆棘在前，那就用刀劈，用斧斩，即便拼尽全力也要开拓一条崭新的路，为后来者指引方向。

2001年3月14日，中科大量子信息实验室成立，潘建伟当初的梦想实现了。但对于潘建伟这样的科研工作者来说，对科学的探索永无止境，如何让实验室一直保持世界一流，如何让量子通信走向千家万户又成了他的新目标。

"墨子号"成功发射，潘建伟将量子实验室搬上了太空。然而胜利的喜悦只在心中停留了片刻，他又一头扎进实验室，继续奋斗在量子物理的海洋。

在距离地球500公里至1200公里处低轨运行的"墨子号"，成为潘建伟团队的太空主战场。在中国科学家的智慧和拼搏之下，一项项世界纪录就此诞生：首次成功实现从卫星到地面的量子密钥分发，首次成功实现从地面到卫星的量子隐形传态，首次实现千公里级星地双向量子纠缠分发和量子力学非定域性检验……

从2017年1月18日正式开展科学实验，到2017年8月10日圆满实现全部三大既定科学目标，原本设计时间为两年的实验，在潘建伟团队的努力下短短几个月时间就提前完成。而他们并未就此止步，更多的难题还在等着他们去破译，在科学的殿堂里，问题总比答案要多。

2017年9月29日，世界首条量子通信干线"京沪干线"正式开通；2018年年初，中国科研团队与奥地利科学院展开国际合作，通过"墨子号"首次实现距离达7600公里的洲际量子密钥分发；2020年6月，科学家利用"墨子号"作为量子纠缠源，向相距超过1120公里的两地分发量子纠缠，实现世界上首次千公里级基于纠缠的量子密钥分发……

一个个崭新的科研成果在量子世界里熠熠生辉，促使人类文明再上一个新台阶。这种成果并非潘建伟单枪匹马就能够创造，毕竟一个人的奋斗只会铸就自己的辉煌人生，而一群人的奋斗，才会改变这个时代。

在潘建伟身后有一个年轻的团队，他们是中国量子"梦之队"。这个成员多为"80后""90后"的团队，是使中国在量子研究领域领先世界的主力军。逐梦的旅程注定充满艰辛，他们在实验室里潜心钻研，赌上美好的青春岁月，只为了向梦想靠近一点，再靠近一点。

然而，没有取得成果前，未来是那样的邈远。他们仿佛在黑暗中跌跌撞撞地前行。脚下的路通向何方？是成功，抑或是失败？离成功还有多远？是近在咫尺，还是远隔天涯？没有任何人能够告诉他们答案，他们只能义无反顾地前行，自己去寻找答案。

在"梦之队"里，1982年出身的陆朝阳是潘建伟的学生。1998年，潘建伟受邀回高中开科普讲座，为热爱物理的陆朝阳心里种下了量子的种子。2005年，他加入潘建伟的研究团队，开始摸着石头过河，在量子世界中跋涉。2007年，仅25岁的他以第一作者的身份发表了两项重要成果：六光子纠缠和量子分解算法。后来，他像自己的老师那样出国深造，又回到中科大继续为中国的量子研究事业发光发热。如今，不到40岁的陆朝阳已经斩获众多荣誉：四次刷新并至今保持光子纠缠的世界纪录、获得香港求是杰出青年学者奖、获得2020年度阿道夫隆奖章……

"梦之队"中，与陆朝阳一样年轻有为的奋斗者还有很多，如出生于1981年在自由空间量子隐形传态等方面取得重要研究成果的陈宇翱，出生于1982年的"墨子号"量子纠缠源载荷主任设计师印娟，出生于1987年的中国"第三代量子人"徐凭和芮俊……这一张张充满朝气的面庞，一颗颗勇于探索未知的心，汇聚在一起，就铸成了年轻却举足轻重的中国力量。

第三节　现代医学改变生活

在科学的领域探索，就好像是在沙漠中修筑城堡，根基不牢固，城堡修不起来；没有不怕失败的勇气，城堡修不起来；方法不正确，城堡也修不起来。这就需要奋斗者能够甘于寂寞，不被外界的环境干扰，不管身处低谷还是高峰都不为所动，始终保持着一颗创新求变的心，一路攻坚奋进，才能穿越周期，获得通向成功大门的钥匙。

在现代医学领域，"癌症"是一个让人闻之色变的词语。即便在科技水平突飞猛进的新时代，它仍是一个难被破译的难题。

对于癌症患者来说，癌症对他们的生命健康造成严重威

奋进的印迹

胁,让他们饱受病痛折磨,却又无能为力;对于癌症患者的亲朋好友来说,癌症无疑是悬在他们所爱之人头上的一把刀,让他们痛苦忧心,日夜渴盼有能够解决癌症的良方拯救他们的亲友;对于那些致力于破译癌症密码,让患者摆脱病痛、重获新生的医学专家来说,癌症是横亘在他们与梦想间的一道鸿沟,是他们投入青春热血,耗费无尽智慧与勇气也要攀登的高峰。

抗癌是人类医学史上的一场长期奋战。那些数不清的奋战在抗癌事业上的人们,无疑诠释着奋斗者的伟大精神。许多年来,战胜癌症、攻克癌症,都是医学者们奋斗的方向。如今,在科技水平不断提升的时代,抗癌终于迎来了曙光。经过科研人员的不断探索,很多癌症治疗方法如治疗前列腺癌的荷尔蒙疗法、治疗白血病(血癌)的骨髓移植疗法和化疗等都为癌症患者带来了延续生命的良方。然而,这些方法依旧不能彻底消灭癌症这个"顽固分子",人类依旧亟须新的癌症疗法来进一步解决癌症难题。

2018年的诺贝尔生理学或医学奖揭晓,来自美国的詹姆斯·艾利森和来自日本的本庶佑两位免疫学家获得了这一荣誉。他们发现的"癌症免疫疗法"为癌症治疗开辟出一条全新路径,使人类离彻底消灭癌症又近了一步。

詹姆斯·艾利森11岁时,他的母亲就因为淋巴癌去世,几年后,他的两个兄弟也因为肺癌和黑色素瘤相继离开了他。亲眼看到身边的亲人在放疗和化疗中饱受折磨,艾莉森决定寻找一种更高效且对身体里的健康细胞破坏性更小的抗癌武器。

1982年，艾利森对T细胞抗原受体进行了鉴定，他发现这种抗原受体允许T细胞识别另一个细胞表面的一种不寻常的蛋白质。后来，当多数人都提倡通过疫苗开启T细胞来驱动抗肿瘤免疫应答时，艾利森却根据自己的学识提出了截然不同的建议。他观察到T细胞蛋白CTLA-4具有T细胞"刹车"功能，而阻断"刹车"信号能够让原本对癌细胞"视而不见"的免疫系统对癌细胞进行攻击。

经过实验室内无数个白天黑夜的轮转，艾利森团队终于通过小鼠实验证明：利用能抑制"刹车"并解开抗肿瘤T细胞活性的抗体，能够治愈患有癌症的小鼠。但是实验室里的成功应用于临床还有很长的路要走，为此，艾利森团队努力开发这一疗法在人类身上的应用。虽然路途艰难，但成果却让他们感到欣慰。2010年，这一疗法在针对晚期黑色素瘤的应用中获得了显著成果，引起了人们的广泛关注。

在小鼠实验取得成功之前，日本的本庶佑也发现了一种在T细胞表面表达的蛋白质PD-1，这种蛋白质与CTLA-4一样具有T细胞"刹车"功能，但与CTLA-4的作用机制完全不同。通过动物实验，PD-1也被证明为一种有效的抗癌手段，为临床实验奠定了基础。经过本庶佑团队的刻苦钻研，2012年，一项重要的研究成果表明：利用PD-1治疗癌症对不同类型的癌症患者疗效显著。

如今，以CTLA-4和PD-1作为抑制剂治疗癌症在临床研究上已取得很大进展，尽管这种疗法也有副作用，严重时甚至会危及患者生命，但是由于副作用主要是由免疫反应过度活跃，从而引发自体免疫反应导致，一般可以得到控制。目前科研人员仍然继续扎根这方面的研究，期待进一步改善免疫疗法，减少副作用。

无论如何，这种新的癌症治疗方法已经让一些特定癌症晚期患者的治疗结果有了根本改变，对于在黑暗中苦苦挣扎的癌症患者来说，这在一定程度上为他们带来了生命中的曙光。

为人类的健康事业而奋斗，注定是一场看不到终点的征途。无数医生前赴后继，奔赴在这场有关生命的旅途中。他们知道，每一点新突破，都有可能改变未来的走向，而在未来，一定还有更多的新发现为后来者铺路。

就像詹姆斯·艾利森和本庶佑发现的癌症免疫疗法，也是站在前人肩膀上进行的创新。20世纪60年代初，免疫学研究取得了一系列重要成果，但是对于人体内的哪些部位会产生免疫细胞，免疫细胞有哪些种类等问题，却仍然无法获知。

法国的免疫学家雅克·弗朗西斯·米勒通过小鼠研究，发现胸腺是一种重要的免疫器官，但是当时科学界并没有普遍认可米勒的观点。真理总是越辩越明，更多的实验结果表明了米勒观点的正确。随后，美国的马克斯·戴尔·库珀也在免疫研究上有了重大发现。

通过动物实验，库珀发现鸡的体内至少存在两种来源、功能不同的免疫细胞，他将来源于法氏囊的免疫细胞命名为B细胞，来源于胸腺的免疫细胞命名为T细胞。因为哺乳动物体内不存在法氏囊这一鸟类的独有器官，所以B细胞的来源依旧需要科研人员继续研究。1974年，库珀团队和多家实验室几乎同时证明，哺乳动物体内的B细胞由骨髓产生，由于骨髓的英文首字母同样为B，所以B细胞的命名得以沿用。

T细胞和B细胞的发现，成为现代免疫学发展史上的一次巨大突破，为后来很多免疫学研究奠定了基础。就如艾利森和本庶佑发现的癌症免疫疗法，这种疗法的原理是通过激活T细胞，使其攻击癌细胞，而使用的工具正是B细胞产生的抗体。

现代医学改变了人类生存发展的轨迹。其中，无数进入医学领域的医生，共同推动了医学事业的进步，并在很大程度上改变了人类在疾病面前束手无策的境遇。

正是如此，我们说医生倒下，文明也将随之坍塌。由医生共同形成的生命屏障，维护了人类健康生存的基础。基于此，人类才有更大的可能开创未来、改变未来。在这次为拯救生命而飞奔向前的征途中，无数医生共同体现了奋斗者精神的本质。

第四节　北斗之光照亮地球

纵览中华民族的历史，光辉有之，苦难有之。正如历史的风云有时波诡云谲，有时云淡风轻。何以中华民族身处历史波涛之中，总能走出一条生路？

这源于整个民族顽强拼搏的奋斗者精神。无论道阻且长，抑或山高路远，中华民族历经重重磨难，依旧生生不息的背后，正是贯穿民族血脉的奋斗者精神始终在支撑。

新时期，人的主观能动性较之过去得到了更大程度的发挥，在强大的内在动力驱动下，奋斗者创造出的能量正在加速推进社会向前发展。

如果说追求个人生活更加幸福是驱动人们不断拼搏的内生动力，那么以一个国家、一个民族的崛起为目标的奋斗，显然具有更高维度的内生动力。

以谢军为代表的中国北斗团队，正是怀着让祖国拥有自己的卫星定位系统的崇高理想勇往直前，最终使得中国成为世界上第三个拥有全球卫星导航系统的国家。

2000年12月21日，我国第二颗北斗导航试验卫星搭乘着长征三号甲运载火箭呼啸升空，与同年发射的第一颗北斗导航试验卫星共同构成了"北斗导航系统"。值得一提的是，这是我国自主研制的第一代卫星导航定位系统。

原本，"北斗导航系统"只是中国用于武装自己的力量，但是如果不能将创新技术掌握在自己手中就会在国际上陷入被动的境遇之中。这并非无稽之谈，此前中国投入2.3亿欧元与欧盟共同研发伽利略卫星导航系统，结果却根本无法接触核心研发技术，反而是没有投入研究经费的日本和印度掌握了比中国还大的话语权。

此外，一些欧洲人甚至表示中国不可能独立研发出自己的卫星导航系统。这无疑坚定了中国科研工作者自主研发全球卫星导航系统的决心。

逆境有时候更能激发人的斗志。对于谢军来说，那些掌握先进技术国家对待中国的方式，催着他奋进，鼓舞着他前行。2004年，北斗二号卫星导航系统正式立项建设，谢军出任该系统的总设计师。与"北斗一号"相比,"北斗二号"服务的区域扩展到整个亚太地区,需要发射升空的卫星数量也增加到14颗。更为艰难的是,导航卫星的频率资源和轨道位置资源只有7年时限,而最后时间节点2007年4月17日已是迫在眉睫。谢军带领着北斗团队与时间赛跑,终于在截止日期前两小时成功完成"北斗二号"系统第一颗中圆轨道试验卫星与地面的信号连接。

建设卫星导航系统的技术含量很高,科研人员要不断提升自己的知识水平,才能攻克一个个科学难题。就如在"北斗二号"建设初期,由于进口的原子钟没有按时到货,整个项目差点中断。原子钟就像导航卫星的"心脏",对卫星定位的稳定性和准确性起着决定性作用,谢军团队决定将这项关键技术掌握在自己手中,这样才能避免受制于人。研制出的第一台原子钟存在不少问题,他们夜以继日地反复修改,终于在3年后,将我国自主研制的精准原子钟用在了北斗卫星上。

北斗全球卫星导航系统的建设是一项庞大的工程,在"北斗二号"建设工作稳步推进的同时,"北斗三号"卫星导航系统也于2009年立项。

科学研究是一场永无止境的探索,而越是艰深的知识,越需要人们付出更辛勤的努力。"北斗三号"的建设目标是面向全球提供服务,与"北斗一号""北斗二号"的建设难度相比又上了一个新台阶。在这种情况之下,谢军团队几乎牺牲了所有个人时间,他们奋战在科研前线,攻克着一项又一项技术难关,最终逐步实现"北斗三号"所有卫星单机和关键元器件国产化率达到100%的巨大突破。

2020年6月23日,第55颗北斗卫星成功发射升空,这是"北斗三号"最后一颗组网卫星,当它经过近8天飞行成功定点,意味着我国已全面完成北斗全球卫星导航系统的星座部署。马克思说过:"在科学上没有平坦的大道,只有不畏劳苦沿着陡峭山路攀登的人,才有希望达到光辉的顶点。"[1]北斗全球卫星导航系统的圆满收官,正是中国航天人凭借对祖国的热爱,以百折不挠的坚韧斗志、勇往直前的进取精神、忘我奉献的坚强毅力一步步建设的结果。

这条路上,首席总设计师谢军曾为了做产品实验,连续36小时没合眼,经常连续几个月高强度工作,三次晕倒在卫星发射现场。

2017年11月至2018年11月,短短一年间,中国成功完成19颗北斗三号卫星的超高密度发射。这种惊人的中国速度,是北斗团队在强国梦的引领下,在一点一滴的实干中,在一项项创新成果的打磨中铸就的。他们每天要判读4万多参数,分析比对大量数据。这些数据如果打印出来,纸张能堆到400多米,而这只是他们一天的工作量。

1970年成功"东方红一号"卫星的成功发射,开创了中国航天史上的新纪元。在当时基础薄弱的环境中,老一代航天人秉持自力更生的精神,勇敢地向着科学的高峰不断攀登。时代向前发展,航天精神也在代代相传。55颗高悬天幕的北斗卫

---

[1] 马克思恩格斯全集[M]. 北京:人民出版社,2001.

星，见证了中国新一代航天人的奋斗历程。

　　谢军带领的团队与全国400多家科研院所合作，将北斗卫星一颗颗送上太空，前后有30多万科研人员参与了"北斗三号"的建设布局。北斗团队的主力队员多为"80后""90后"，平均年龄仅31岁。尽管年轻，他们却不乏吃苦耐劳的精神，始终专注于科研道路上的创新进取，如北斗卫星的核心难题——"快捕精跟"是王飞雪、雍少为和欧钢三个20多岁的青年，在10平方米的仓库中实验解决的；研发北斗卫星"心脏"原子钟的骨干成员李春景，当时也只有20多岁；对北斗卫星全球组网至关重要的星间链路技术，是当时还不到30岁的康成斌带领一支青年科研团队历时五年攻克下来的，他们在国外已有的组网方法之外另辟了一条更优路径……

　　向科学的珠穆朗玛峰攀登的过程中，需要付出诸多不为人知的艰辛。或许在外界看来付出与回报不成正比，但攻克一个个科学谜题的过程，就是对科研工作者最好的回报。

　　时代属于每一位不畏艰险，勇敢攀登的奋斗者。从潜入大洋之底、万里海沟的"奋斗者号"，到飞入穹顶之上、九天揽月的"北斗卫星导航系统"，每一个举世瞩目成就的背后，都离不开科研工作者辛勤的劳动和不懈的努力。

后 记

科技进步，时代变化，世界就像一个巨大的生命体，每时每刻都在生长。某种程度上，世界生命体的动能来源于群体的奋斗精神。这股精神力量源源不断，随着时代的变化不断与时俱进，推动着世界以前所未有的速度飞奔向前。

正是如此，我们说人类史就是奋斗史。

本书以奋斗者精神为主题，穿插古往今来，东西各方历史。其目的皆是为了论证同一个主题——奋斗是实现个人价值的有效途径，是推动人类历史前进的助推器。

奋斗是贯穿人类发展脉络的话题。

韩愈说，业精于勤荒于嬉，行成于思毁于随。其意便在教导人做事认真勤恳，努力拼搏。陶行知说，奋斗是万事之父。其意更是直接表明奋斗是创造一切的基础。李大钊说，青年之文明，奋斗之文明，也与境遇奋斗，与时代奋斗，与经验奋斗。其意同样强调要有所作为，有所成就，必须积极投身奋斗。

奋斗是一个常议常新的话题。人类历史发展的每个阶段，奋斗的具体含义或许有所不同。但本质而言，它或许都是个体向上生长的引力，是找寻自我存在意义的原点。

马克思曾提到，人有生存的需要、享受的需要和发展的

后　记

需要。马斯洛需求层次理论中也提到，人有生理需要、安全需要、社交需要、尊重和自我实现需要。需求层次的级别越高，要实现的难度就越大，对奋斗的要求就越高。

有关奋斗，是每个时代都需要深思的问题。这一话题落到个体身上，又可衍生诸多思考。尤其在消费主义盛行的当下，人们被物欲裹挟，被享乐主义裹挟，奋斗的意义被冲淡。为奋斗正名，为拼搏正名，是本书创作的初衷之一。

此外，呼唤个体奋斗的同时，更重要的是唤起群体奋斗。人类历史演变的规律已经证明，个体奋斗有其重大历史意义，但群体奋斗产生的力量更加蓬勃。历史不是个人英雄主义的成就，而是人类群体书写的篇章。

新时期奋斗者精神的表现之一，便是群体奋斗。正如一个民族的复兴、一个国家的发展，从来不是一个人、少数人就能够完成的事业。而是千千万万人汇集一处，共同奋斗才能实现的事业。

马克思曾说："青春的光辉，理想的钥匙，生命的意义，乃至人类的生存、发展……全包含在这两个字之中……奋斗！只有奋斗，才能治愈过去的创伤；只有奋斗，才是我们民族的希望和光明所在。不要容你自己昏睡！趁你还年轻、强壮、灵活，要永不疲倦地做好事。"

正是如此，我们说奋斗是永不过时的时代精神。

奋斗的力量无穷无尽。幸福生活由奋斗开创，美好未来由奋斗创造，人类历史由奋斗者书写。未来的篇章，奋斗者仍旧是时代的主角。

奋进的印迹

最后,每个人都有自己的追求。享受当下,过悠闲自在的生活;艰苦奋斗,创造美好的每一天,都是个体的选择。本书尊重个体选择的差异。